Malcom McKeag

FAHRTENSEGELN FÜR EINSTEIGER

Delius Klasing Verlag

Autor und Verlag danken der Westerly Sea School und Rosie Kempner für die Bereitstellung von Yachten für die Photoaufnahmen, Motor Boat & Yachting für die Bereitstellung eines Kamerabootes, Tim Bartlett für das Steuern des Bootes, Kathy Braund, Susan McKeag und Christine Graves für die Bereitschaft, als Darsteller zu agieren sowie John Mellor für seine Hilfe und Ratschläge.

Titel der englischen Originalausgabe: »Competent Crew«,
veröffentlicht bei Fernhurst Books, Arundel / West Sussex

Die Deutsche Bibliothek – CIP-Einheitsaufnahme

MacKeag, Malcolm:
Fahrtensegeln für Einsteiger / Malcolm McKeag.
[Fotos: Julia Claxton. Aus dem Engl. von Erik von Krause].
– 2. Aufl. – Bielefeld : Delius Klasing, 2000
(Praxiswissen)
Einheitssacht.: Competent crew <dt.>
ISBN 3-7688-1077-1

2. Auflage
ISBN 3-7688-1077-1
Die Rechte für die deutsche Ausgabe liegen beim
Verlag Delius, Klasing & Co. KG, Bielefeld

Aus dem Englischen von Erik von Krause
Umschlaggestaltung: Ekkehard Schonart
Titelfoto: Hans-Günter Kiesel
Fotos: Julia Claxton, außer:
Andrew Bay (S. 17), Tim Davison (S. 6), John Driscoll (S. 24 rechts), Tim Hore (S. 30 oben, 33, 52, 55, 88/89 unten, 93, 97, 98, 100, 102 oben, 104), Motor Boat & Yachting magazine (S. 42, 57, 120), John Woodward (S. 22, 24 links, 25, 26, 53, 63, 116 links, 123)
Druck: Media Print, Paderborn
Printed in Germany 2000

Delius Klasing Verlag, Siekerwall 21, D-33602 Bielefeld
Tel.: 0521/559-0; Fax: 0521/559-113
e-mail: info@delius-klasing.de
http://www.delius-klasing.de

Inhalt

Einführung

Jeder erfahrene Fahrtensegler wird zugeben müssen, daß mehr zum Führen einer Yacht gehört als man in einem einzigen Buch beschreiben kann. Das ist allein auf Grund der vielen Facetten des Segelsports einfach nicht möglich. Auch das vorliegende Werk erhebt nicht den Anspruch, eine vollständige und umfassende Anleitung dafür zu bieten, wie aus einem Segelanfänger innerhalb kürzester Zeit ein perfekter Fahrtensegler wird.

Dieses Buch hat ein Ziel: Es soll Berührungsängste abbauen, die unweigerlich auftauchen, wenn man zum allerersten Mal an Bord eines Segelschiffes klettert. Es soll dazu beitragen, daß ein Neuling in etwa versteht, was vor sich geht, wenn die Yacht einen Hafen verläßt, Segel setzt und dann, nur vom Wind angetrieben, ein entferntes Ziel ansteuert. Es gilt, die Grundbegriffe der Segelsprache kennenzulernen, die dem Laien zunächst wie eine exotische Fremdsprache erscheinen wird. Wer die wesentlichen Elemente des Segelsports ansatzweise versteht, wird ohne große Scheu Fragen stellen und etwas lernen wollen. Wer zeigt sich denn schon gerne völlig hilflos, weil er nachfragen muß, wie die Bordtoillette mit ihren vielen Hebeln und Ventilen funktioniert? Dieses Werk soll auch dazu beitragen, panische Gefühle in gewissen Situationen gar nicht erst aufkommen zu lassen, so zum Beispiel, wenn sich das Schiff unter Druck des Windes auf die Seite legt und das Wasser das Deck überspült.

Es gibt Bereiche des Segelsports, die hier nur angerissen werden können. Das sind Themenkreise, über die bereits mehr oder weniger dicke Bücher geschrieben worden sind und die den Anfänger auf seinem ersten Törn nicht interessieren dürften. Manche werden sagen, bestimmte Punkte seien hier sehr ausführlich behandelt worden, aber was dem erfahrenen Fahrtensegler schon in Fleisch und Blut übergegangen ist, sind für den Neuling vielleicht böhmische Dörfer. Andererseits werden in diesem Buch Dinge beschrieben, die weder der Autor noch der Verlag je in irgendeinem anderen Werk gefunden haben. Das war der Hauptgrund für seine Entstehung.

Obwohl man an Bord häufig etwas verkehrt machen kann, so gibt es auf der anderen Seite doch meist mehrere richtige Methoden. Jeder Skipper hat da so seine Vorlieben. Wenn Sie etwas so erledigen, wie es in diesem Buch beschrieben wird, kann es sein, daß Ihr Skipper es anders haben möchte. Das bedeutet aber nicht unbedingt, daß die hier vorgeschlagene Vorgehensweise falsch ist oder daß der Skipper Unrecht hat.

Im Einzelfall müssen alle Dinge an Bord mit der vorhandenen Ausrüstung erledigt werden, und die ist auf jeder Yacht unterschiedlich. Gerade Fahrtenschiffe unterscheiden sich in den Details so sehr, daß man unmöglich ein Buch schreiben kann, in dem alle denkbaren Varianten behandelt werden. Die Kunst guter Seemannschaft besteht zum großen Teil darin, mit den vorhandenen Mitteln optimale Ergebnisse zu erzielen.

Das vorliegende Werk ist für Menschen gedacht, die von der Segelei in Theorie und Praxis absolut keine Ahnung haben, diese aber unbedingt erlernen wollen. Der Text erläutert deshalb zunächst immer die Grundlagen eines Problems, bevor er auf die Aufgaben der einzelnen Crewmitglieder eingeht, die notwendig sind, um das geplante Manöver richtig durchzuführen. Dabei werden die entsprechenden Fachausdrücke erklärt, die dann nochmals im Anhang zusammengefaßt sind. Wenn Sie sich am Schluß dieses Buches an Bord einer Fahrtenyacht theoretisch schon ein bißchen zu Hause fühlen, dann hat es seinen grundlegenden Zweck erfüllt. Wenn Sie dann von Ihrem ersten Törn zurückkehren und an nichts anderes denken, als wann Sie wieder auf See hinaussegeln können, hat es noch mehr erreicht. Und wenn das Erlesene und Erlernte dazu führt, daß Sie wieder an Bord eingeladen werden, wird das Buch jeden Pfennig, den es gekostet hat, und den Zeitaufwand des Autors wert sein.

1 Willkommen an Bord

Fahrtenyachten sind so unterschiedlich gebaut wie Häuser. Es gibt viele Gemeinsamkeiten, aber schon allein auf Grund der Größenunterschiede zahllose Varianten in den Details. Die Konstrukteure wollen im Rumpf einer Fahrtenyacht natürlich möglichst viel unterbringen, und das ist bei kleinen Schiffen besonders schwierig.

Beginnen wir unter Deck im Vorschiff. Noch vor rund 40 Jahren (und das ist für eine Yacht kein besonderes Alter, Schiffe altern deutlich langsamer als zum Beispiel Autos) wurde das Vorschiff als Stauraum für Segel, Leinen, Anker und Ankerkette genutzt. Wenn es überhaupt Kojen (Schlafplätze) gab, dann handelte es sich meist um Rahmen aus Metallrohren, die mit Segeltuch bespannt und hochklappbar montiert waren. Heutzutage müssen aus Gründen des Marketings möglichst viele Schlafplätze untergebracht werden, so daß das Vorschiff – vor allem an Bord kleinerer Yachten – in der Regel aus einem großen, V-förmigen Bett mit Stauraum darunter besteht. Es ist ideal für Kinder oder für gute Bekannte, denen es nichts ausmacht, wenn sie sich mit ihren Füßen berühren. Auf manchen Schiffen werden im Vorschiff auch zwei separate Kojen eingebaut.

Wie der Platz hinter dem Vorschiff genutzt wird, hängt von der Beschaffenheit des Riggs

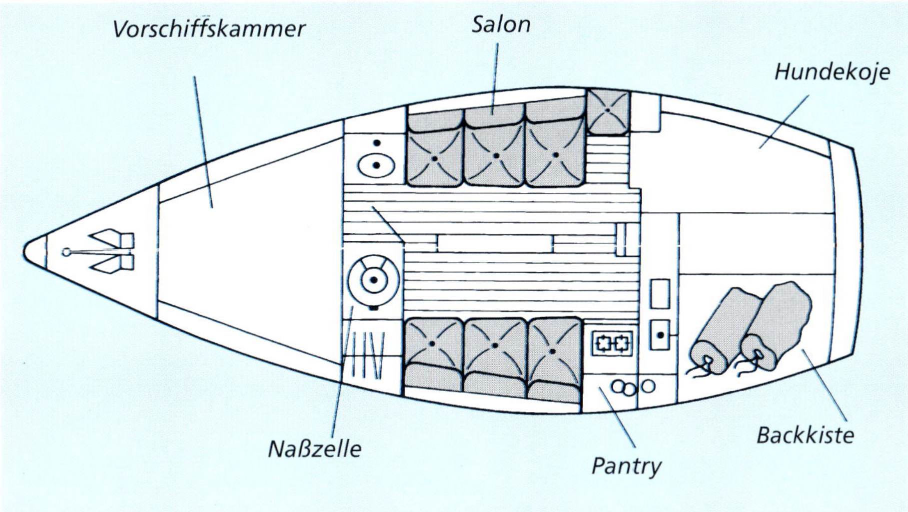

Einrichtungsplan einer typischen 9-Meter-Yacht. Die Sitzbänke im Salon können als Kojen genutzt werden.

Der Salon am Tage. Willkommen an Bord!

(das sind Mast, Stagen und Wanten) ab. Steht der Mast an Deck, muß darunter ein massives Schott (Wand) eingebaut werden, das die Kräfte auf den Rumpf überträgt und verhindert, daß er das Deck eindrückt. Wegen der tragenden Funktion bezeichnet man es als Hauptschott. Steht der Mast dagegen auf dem Rumpfboden über dem Kiel, wird das Interieur um ihn herum angeordnet.

Eine der klassischen Einrichtungsvarianten sieht die Naßzelle (Waschraum mit Toilette) zwischen Vorschiff und Hauptschott vor. Auf einer Seite des Rumpfes ist oft ein Hängeschapp (Hängeschrank für Kleidung) angebracht.

Hinter dem Hauptschott liegt normalerweise der Salon, wie der Wohnbereich an Bord eines Schiffes bezeichnet wird. Auch hier findet man alle möglichen Ausbauvariationen, doch meistens gibt es auf jeder Seite eine Sitzbank mit Stauraum darunter und kleinen Schapps an den Rumpfseiten darüber. Häufig werden die Sitzbänke auch als Schlafplätze genutzt, nur auf sehr großen Yachten ist dies unüblich. Der Tisch in der Schiffsmitte hat seitliche Felder, die zum Essen hochgeklappt werden.

Der Salon geht dann in die Pantry (kleine Küche) und in den Navigationsbereich über. Auf kleinen Yachten besteht dieser nicht selten nur aus einem Klapptisch, auf dem eine Seekarte ausgebreitet werden kann, und aus Stauraum für nautische Bücher. An Bord großer Fahrtenschiffe kann es sich aber auch um einen festen Arbeitsplatz mit eigener Sitzbank handeln. Der Navigationsbereich wird oft von halbhohen Schotts eingerahmt, an

Eine Salonsitzbank wird als Koje genutzt.

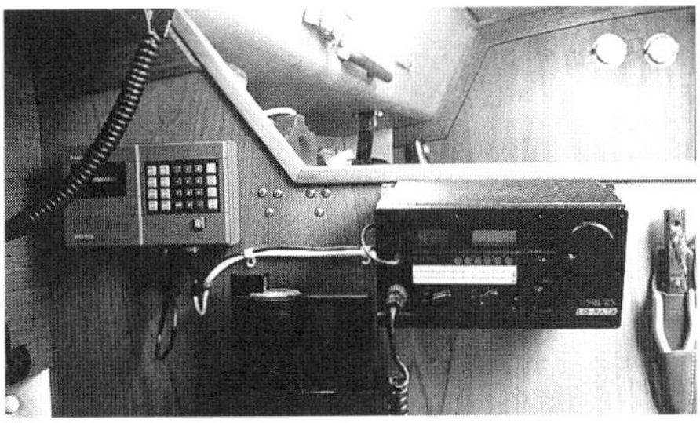

So sieht der Navigationsbereich mit Kartentisch aus.

denen elektronische Instrumente und Funkgeräte montiert werden können.

Die Treppe vom Schiffsinneren hinauf ins Cockpit wird als Niedergang bezeichnet. Hinter dem Niedergang ist meistens der Motor eingebaut. Um ihn vernünftig warten zu können, kann der Niedergang weggenommen oder hochgeklappt werden. Der Motor wird üblicherweise vom Cockpit aus bedient.

Im Achterschiff (dem hinteren Bereich des Rumpfes) befindet sich des öfteren eine Achterkammer mit Platz für ein bis zwei Personen. Früher war dort nur eine schmale Koje vorgesehen, in die man mit den Füßen voran hineinkriechen mußte und die deshalb Hundekoje genannt wurde.

Seit Mitte der 80er Jahre haben die Konstrukteure durch breitere und höhere Rümpfe mehr Platz unter Deck geschaffen. Das führte zu etwas anderen Einrichtungsmöglichkeiten. Die Naßzelle wird heutzutage eher seitlich vom Niedergang eingebaut, die moderne Achterkabine bietet viel Platz, oft volle Stehhöhe und Schapps für Kleidung und andere Utensilien. Die Stehhöhe wird durch hohl gebaute Cockpitsülls (den erhöhten Umrandungen des Cockpits) erreicht, während die Doppelkoje unter dem niedrigen Cockpitboden liegt. Der Platz zwischen der Matratze und dem Cockpitboden ist logischerweise begrenzt.

Stauraum

Platz ist das größte Problem an Bord einer Fahrtenyacht. Deshalb wird jeder Winkel, auch unter den meisten Kojen, so optimal wie möglich ausgenutzt. Wichtige Gegenstände wie Ersatzanker, Taschenlampen, Werkzeuge und so weiter haben ihre festen Stauplätze. Die Handhabung einer jeden Fahrtenyacht besteht überwiegend aus Routine, und die festgelegte Unterbringung aller notwendigen Ausrüstungsgegenstände ist

Stauraum für Notsignale und Rettungswesten im Salon. Sie sollten wissen, wo die Seenotausrüstung untergebracht ist.

Teil dieser Routine. Wer in dunkler Nacht zum Beispiel schnell eine Taschenlampe braucht, muß wissen, wo er hingreifen muß. Das betrifft die gesamte Crew. Natürlich müssen alle Gegenstände nach Gebrauch sofort wieder an die richtige Stelle zurückgelegt werden. Das Wort »verstauen« beinhaltet eben nicht nur das reine Aus-dem-Weg-Räumen, sondern das Zurücklegen des funktionsfähigen Gegenstandes an seinen angestammten Platz.

Es kann lebenswichtig sein zu wissen, wo sich die Seenotausrüstung befindet und wie sie benutzt wird. Üblicherweise wird der entsprechende Stauraum so markiert, daß er auf einen Blick gefunden werden kann. Jedes neue Crewmitglied und jeder Gast an Bord muß vor dem Auslaufen über den Gebrauch der Seenotausrüstung informiert werden. Werden Sie vom Skipper nicht automatisch instruiert, bitten Sie ihn darum. Es wird Sie zu Recht ein ungutes Gefühl beschleichen, wenn man Ihnen vor dem Auslaufen nicht oder nur zögerlich den Gebrauch der Seenotmittel erklärt.

Weitere spezielle Stauräume findet man zum Beispiel im Bereich der Pantry. Geschirr, Töpfe, Pfannen, Lebensmittel und Reinigungsgerät haben ihre festen Plätze. Wenn Sie keinen Kühlschrank mit einer Tür wie zu Hause finden, gibt es vielleicht eine tiefe, gut isolierte Eisbox mit einem Ablauf im Boden und einem Deckel. Stangeneis oder Beutel mit Eiswürfeln halten Lebensmittel über lange Zeit hinweg frisch.

Für die bessere Kleidung gibt es Hängeschapps, allerdings nicht in der Größenordnung heimischer Kleiderschränke. Sie sind meistens recht klein. Ein Jacket auf einem Kleiderbügel paßt wohl hinein, ein Abendkleid aber nicht.

Strom an Bord

Normalerweise hat man an Bord von Segelyachten nicht die von Land her bekannte Stromversorgung, es sei denn, es gibt in der Nähe des Liegeplatzes einen Stromanschluß. Das bedeutet, daß keines der üblichen elektrischen Haushaltsgeräte funktioniert. Im Gegensatz zu den an Land gebräuchlichen Wechselspannungen von 110 oder 220 Volt findet man Bord Gleichspannungen von 12 oder manchmal auch 24 Volt. Mit dieser

Die Bordtoilette

Yachten haben keine öffentliche Wasserversorgung und sind auch nicht an eine Abwasserleitung angeschlossen. Die Bordtoilette funktioniert deshalb völlig anders als das Klo zu Hause. Es ist ein ausgeklügeltes System mit zwei Pumpen. Mit der einen pumpt man Seewasser in die Schüssel hinein, mit der anderen wird das Abwasser abgepumpt. Die Abwasserleitung führt entweder zu einem Ventil in der Außenhaut des Schiffes und dann ins Meer oder aber in einen speziellen Schmutzwassertank, der im nächsten Hafen von einer Pumpstation an Land geleert wird.

Die meisten seegehenden Yachten sind aber immer noch so ausgerüstet, daß das Schmutzwasser (auch das aus der Pantry) direkt in die See gepumpt wird. Jedes Toilettenmodell wird etwas anders bedient, die Funktionsweise ist jedoch immer die gleiche. Beide Leitungen, die für das Seewasser und die für das Abwasser, sind an sogenannte Seeventile angeschlossen. Vor dem Gebrauch der Toilette müssen beide Ventile offen sein. Wenn sie nicht markiert sind, findet man sie, indem man die Leitungen von der Toilette aus bis an die Bordwand verfolgt. Die Ventile sind offen, wenn die Hebel parallel zu den Schläuchen steht. Handelt es sich um Ventile mit Handrädern, werden sie soweit aufgedreht, daß ein guter Teil der Gewinde zu sehen ist.

Wenn die Seeventile offen sind, sehen Sie sich die Pumpen an: Die einfachen Toiletten haben einen großen Schwengel, der vor und zurück bewegt wird und das Seewasser in die Schüssel pumpt. Eine kleine, senkrecht montierte Pumpe mit T-förmigen Griff, der auf und ab bewegt wird, pumpt das Schmutzwasser aus der Schüssel hinaus. Es gibt aber auch Modelle, die nur eine Pumpe haben, die man mit einem Hebel von Ein- auf Auspumpen umschalten muß.

Normalerweise gehört es sich, daß einem Neuling an Bord der Gebrauch der Toilette erklärt wird. Man darf nie vergessen, daß es sich zwar um relativ große Pumpen handelt, das Innere des Systems aber aus vielen kleinen Teilen besteht, die schnell blockieren können. Das Auseinandernehmen und Reinigen einer verstopften Toilette gehört mit zu den unangenehmsten Aufgaben an Bord. Deshalb gilt bis auf das Toilettenpapier immer der Grundsatz: NICHTS GEHÖRT IN DIE TOILETTE, WAS NICHT ZUVOR GEGESSEN WORDEN IST. Auch Binden und Tampons müssen unbedingt anderweitig entsorgt werden.

Stromversorgung werden Navigationsinstrumente, Positionslampen und die Innenbeleuchtung betrieben, und das in der genannten Rangordnung. Der Strom kommt aus einer oder mehreren Batterien, die irgendwo kippsicher untergebracht sind und die von der Lichtmaschine des Motors geladen werden – allerdings nur dann, wenn er auch läuft. Da die Maschine auf Segelyachten aber nur wenig benutzt wird, werden Stromverbraucher nur eingeschaltet, wenn man sie tatsächlich braucht.

Fast immer gibt es einen sogenannten Batteriehauptschalter. Wenn Sie also einen Verbraucher einschalten und er funktioniert nicht, sollten Sie zuerst prüfen, ob der Hauptschalter auf »EIN« steht. Lassen Sie sich den Hauptschalter zeigen, er sitzt meistens irgendwo versteckt. Wenn man die Yacht verläßt, schaltet man normalerweise die gesamte Stromversorgung mit diesem Hauptschalter ab, auch wenn man nur für einige Stunden zum Einkaufen oder zum Essen gehen will. So kann die Batterie nicht unbeabsichtigt beansprucht werden.

Wasser

Der gesamte Trinkwasservorrat einer Yacht muß in Tanks mitgeführt werden, da der Anschluß an eine feste Leitung unmöglich ist. Die Tanks werden aus Edelstahl oder Kunststoff gefertigt und unter den Sitzbänken oder Kojen eingebaut. Auf größeren Yachten sind sie auch unter den Bodenbrettern untergebracht. Trinkwasser ist auf hoher See ein kostbares Gut, mit dem man sparsam umgehen muß. Eine elektrische Pumpe sorgt automatisch für den notwendigen Leitungsdruck, so daß das Wasser läuft, sobald der Hahn geöffnet wird.

Gewohnheiten, wie das Wasser laufenzulassen, während man sich die Zähne putzt, sollte man sich schnell abgewöhnen. Man macht sich damit an Bord keine Freunde, auch wenn das Lächeln noch so strahlend sein mag. Wer meint, unterwegs dreimal am Tag ausgiebig duschen zu müssen, darf sich nicht wundern, wenn der Skipper die Sicherung der Druckwasserpumpe herausdreht.

Gas

Zum Kochen an Bord wird am häufigsten Gas aus Flaschen verwendet. Vereinzelt gibt es aber auch Petroleum-, Spiritus- und Dieselkocher. Die Gasflasche wird üblicherweise in einem speziellen Schapp untergebracht, das mit einem Ablauf nach außen versehen ist. Die Verbindung zwischen der Gasflasche und dem Kocher besteht aus einem besonderen, flexiblen Schlauch. Ventile gibt es am Kocher, an der Gasflasche und meist auch noch irgendwo an der Leitung. Gas ist schwerer als Luft und darf bei einem undichten Anschluß keinesfalls ins Innere des Schiffes gelangen, da der Funke eines Feuerzeuges oder eines elektrischen Schalters genügen würde, um es explosionsartig zu entzünden. Um dieses Risiko so gering wie möglich zu halten, sollten nicht nur die Ventile am Kocher, sondern auch das an der Leitung nach Gebrauch sofort wieder geschlossen werden. Manche Skipper verlangen sogar grundsätzlich, daß das Ventil an der Gasflasche dichtgedreht wird. Natürlich sollte man niemals den Gashahn am Kocher aufdrehen, das Gas ausströmen lassen und dann erst nach einem Streichholz suchen. Wenn Sie abgelenkt werden und das ausströmende Gas vergessen, kann dies zu katastrophalen Konsequenzen führen.

An Deck

Wer sich frei an Deck bewegen will, muß immer an seine Sicherheit denken. Der uralte Seemannsgrundsatz »Eine Hand fürs Schiff, eine Hand für dich« muß jedem in Fleisch und Blut übergehen. Das Deck einer Yacht ist selten völlig eben – es gibt überall Ecken, Kanten, Aufbauten und Beschläge. Und dann kommen auf offener See noch die Schiffsbewegungen hinzu. Glücklicherweise gibt es überall etwas zum Festhalten. Man sollte sich aber immer vergewissern, daß man nach etwas Solidem greift und nicht etwa nach einer losen Leine.

Fast alle modernen Segelschiffe sind mit einer umlaufenden Reling (Zaun) ausgerüstet, die an der Außenseite des Decks an Stützen befestigt ist. Im Bug- und oft auch im Heckbereich besteht die Reling aus einer stabilen, verschweißten Edelstahlrohr-Konstruktion, Bug- beziehungsweise Heckkorb genannt. Vor allem im Bugbereich bedeutet dieser Korb

Eine typische Slup mit Achtercockpit und Pinnensteuerung. Alle Leinen vom Mast sind zum Cockpit umgelenkt. Sie können von dort aus bequem und sicher kontrolliert werden.

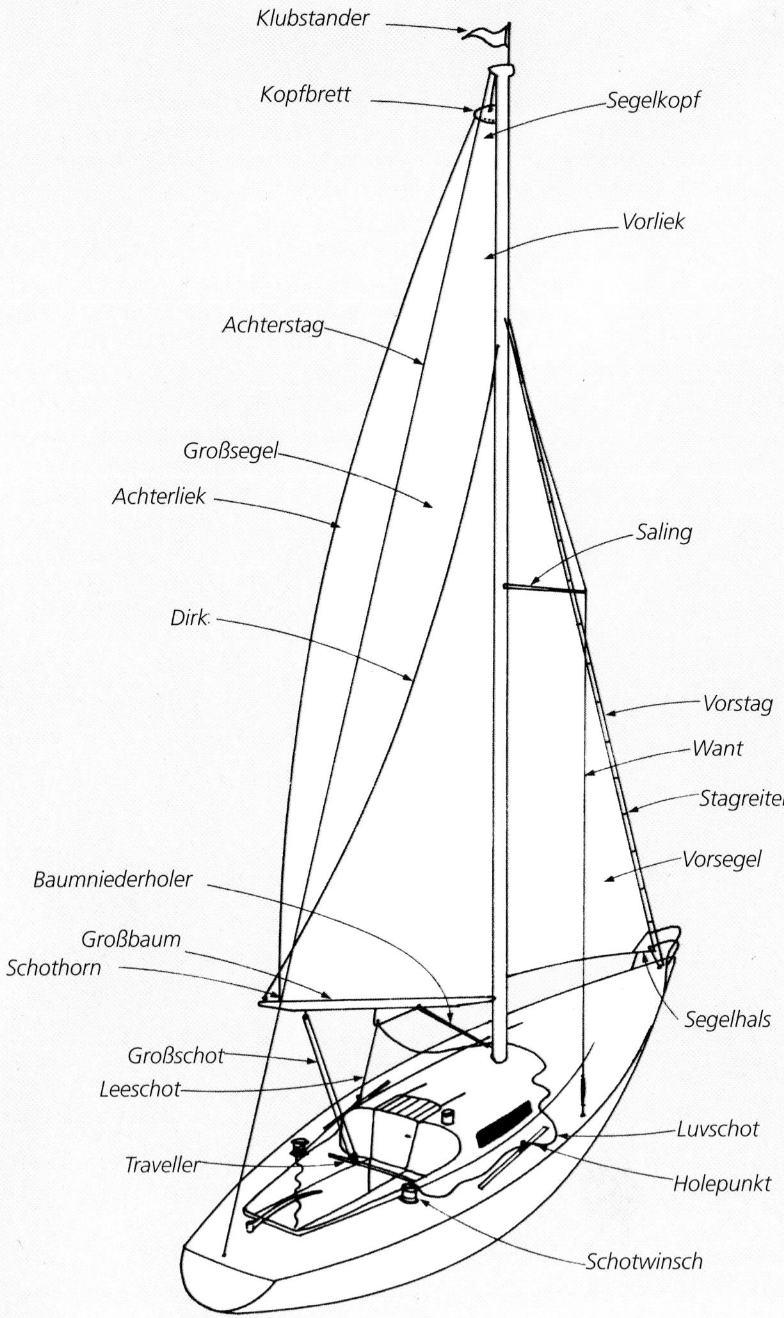
Klubstander
Kopfbrett
Segelkopf
Vorliek
Achterstag
Großsegel
Achterliek
Saling
Dirk
Vorstag
Want
Stagreiter
Vorsegel
Baumniederholer
Großbaum
Schothorn
Segelhals
Großschot
Leeschot
Luvschot
Traveller
Holepunkt
Schotwinsch

Sicherheit für die dort bei Seegang arbeitende Crew.
Auffälligstes Teil an Deck ist der Mast, der aus Holz oder einem Aluminiumprofil besteht und der von zahlreichen Drahtseilen, dem sogenannten Rigg, gehalten wird. Die seitlichen Drähte nennt man Wanten, während die zum Bug und Heck führenden als Stagen bezeichnet werden. Am wichtigsten ist das Vorstag, das vom Bug bis zum Topp (der Spitze) des Mastes läuft. Das hinten am Mast angebrachte und recht lange Teil, ebenfalls aus Holz oder Aluminium, nennt man Baum.

Die meisten der heutigen Yachten haben einen Mast und zwei Segel. Diese Art nennt man Slup. Das hintere Segel wird mit der unteren Seite am Baum befestigt, die vordere läuft in einer Nut oder auf Rutschern an der Hinterkante des Mastes hoch. Gesetzt wird das Segel mit einer Leine, die vom Kopf (der Spitze) des Segels zum Masttopp und wieder hinab an Deck läuft. Jede Leine, mit der ein Segel gesetzt werden kann, nennt man Fall. Das vordere Segel wird mit sogenannten Stagreitern am Vorstag angeschlagen, die beim Setzen auf dem Draht nach oben gleiten. Oft

Eine Rollreffeinrichtung wird dazu benutzt, die Segelfläche zu verkleinern. Diese Yacht ist mit Backstagen ausgerüstet.

Autor Malcolm McKeag trimmt im Cockpit das Großsegel. Beachten Sie die Winsch und die Stopper im Vordergrund.

gibt es auf einem Fahrtenschiff mehrere Vorsegel in verschiedenen Größen, die je nach Stärke des Windes verwendet werden.

Viele Yachten sind mit einem einrollbaren Vorsegel ausgerüstet. Ein einziges allwettertaugliches Vorsegel wird an einem dünnen Rohr gesetzt, das über das Vorstag geschoben wird, so daß es mit Hilfe einer Leine und einer Trommel am unteren Ende vom Cockpit aus gedreht werden kann. Auf diese Art und Weise kann das Segel aus- und eingerollt oder auf eine beliebige Größe gebracht werden. Da das Vorsegel so schnell, einfach und sicher wechselnden Windbedingungen angepaßt werden kann, entfällt die Notwendigkeit mehrerer Vorsegel und vor allem die des Segelwechselns. Das System eines Rollvorsegels ist einfach, bequem und vermeidet bei starkem Seegang gefährliche Arbeiten auf dem Vorschiff. Andererseits muß ein allwettertaugliches Rollsegel schwer sein und ist deshalb bei wenig Wind nicht sonderlich effektiv. Es gibt, wenn überhaupt, nur sehr wenige Rollsysteme, deren Segel in teilweise eingerolltem Zustand so gut sind wie normale Segel der gleichen Größe.

Neben den bereits beschriebenen Fallen, die aus Tauwerk oder auch aus Draht sein können, werden sogenannte Schoten zum Einstellen der Segel verwendet. Fallen und Schoten werden mit Hilfe von Winschen bedient (außer auf sehr kleinen Booten). Auf dem Kajütdach, links und rechts neben dem Niedergang, sieht man häufig ganze Blöcke von Hebelklemmen. Fallen und andere Regulierungsleinen laufen durch diese Klemmen hindurch und werden dort mit Hebelkraft festgesetzt.

Die ins Deck eingelassene Wanne, in der sich die Crew normalerweise aufhält, ist das Cockpit. In dessen Umgebung findet man die Schotwinschen für das Vorsegel und die Kontrollen für das Großsegel. Das Großsegel wird über eine Talje (Flaschenzug) bedient, die an einem Rutscher befestigt ist, der wiederum auf einer Querschiene gleitet. Diese Schiene nennt man Traveller.

Im Bereich des Cockpits ist auch das Ruder, die Steuerung des Schiffes, untergebracht. Es kann sich dabei um eine Pinne, ein langes Stück aus Holz oder Metall, handeln, das direkt auf der Ruderachse sitzt, oder aber um eine Radsteuerung, die über Steuerseile oder eine Hydraulikeinrichtung mit der Ruderachse verbunden ist.

Hinter dem Cockpit, am Heck des Schiffes, ist das Achterstag befestigt, das den Mast davon abhält, nach vorne zu kippen. Auf manchen Yachten gibt es zusätzlich noch sogenannte Backstagen, eines auf jeder Seite, die je nach Stellung des Großsegels dichtgeholt (strammgezogen) oder gefiert (losgelassen) werden müssen. Alle Riggteile, also alle Drähte, die den Mast halten und die während des Segelns nicht verändert werden, nennt man stehendes Gut. Alle anderen Fallen, Schoten, Backstagen und sonstige Kontrolleinen bezeichnet man als laufendes Gut.

Das Leben an Bord

Das Leben an Bord spielt sich auf begrenztem, manchmal auch engem Raum zusammen mit anderen Personen ab. Toleranz und Rücksichtnahme sind deshalb für eine gute Stimmung unerläßlich.
Das Gepäck sollte wohl durchdacht und mengenmäßig so klein gehalten werden, daß man mit dem zugewiesen Stauraum auskommt und nicht noch den von anderen in Anspruch nehmen muß. Darüber hinaus geht man seinen Mitseglern auch schnell auf die Nerven, wenn man Dinge »vergessen« hat und sich ständig etwas ausleihen muß.
Denken Sie daran, daß alles, was Sie mitbringen, in kleinen, merkwürdig geformten Schapps verstaut werden oder zum Teil in der Tasche bleiben muß. Koffer und Kisten können nicht platzsparend gestaut werden, sie sind jedem Skipper ein absolutes Greuel. Wenn Sie Ihre Fotoausrüstung mitnehmen wollen, verstauen Sie sie in einer weichen Tasche und nicht in einem Metallkoffer mit scharfen Ecken, die leicht die Holz- oder Kunststoffeinrichtung beschädigen könnten. Es gibt keine festen Regeln, wer was auf oder im Kartentisch oder in dessen Umgebung ablegen darf. Manchen Skippern ist es völlig egal, andere wollen im Navigationsbereich keinerlei Schlüssel, Sonnenbrillen, Brieftaschen oder gar Sonnenschutzmittel sehen. Lassen Sie ganz einfach nichts auf dem Kartentisch liegen. Für einen Navigator gibt es kaum etwas Schlimmeres als einen mit persönlichen Dingen bedeckten Kartentisch, wenn er seine Arbeit machen will.

Rauchen

Die Atemluft in einem kleinen Raum wie dem Inneren einer Segelyacht wird schon von einem einzelnen Raucher stark belastet. Nichtraucher fühlen sich nicht mehr wohl, viele stört der Rauch extrem. Wer unbedingt unter Deck rauchen muß, sollte Rücksicht auf seine Mannschaftskollegen nehmen, des öfteren das Schiff lüften und den Aschenbecher säubern. Am besten, man einigt sich darauf, unter Deck nicht oder nur in Ausnahmefällen zu rauchen. Diese Regel gilt auf den meisten Yachten, oft sogar auch dann, wenn der Eigner selbst Raucher ist.

Alkohol

Fahrtensegeln ist eine besondere Art der Freizeitgestaltung. Die Freude, mit anderen zusammen einen Törn zu unternehmen, führt verständlicherweise auch zum Genuß alkoholischer Getränke, sei es unterwegs oder abends in einer Kneipe an Land. Manche Törns werden gar nur angetreten, um ein bestimmtes Lokal aufzusuchen. Denken Sie immer daran, daß Alkohol im Blut unter anderem die Reaktionsfähigkeit herabsetzt und das Urteilsvermögen beeinflußt. Die meisten Unfälle von Fahrtenseglern passieren nachts auf der Fahrt mit dem Beiboot von einem Lokal an Land zurück zum Schiff. Es ist schon merkwürdig: Wir wissen und akzeptieren, daß sich Alkohol und Autofahren nicht miteinander vereinbaren lassen, aber an Bord einer Yacht wird der Faktor Alkohol ganz anders bewertet, eher als harmlos angesehen. Dabei ist das Unfallrisiko mindestens ebenso groß wie mit dem Auto, das sollte man nie außer acht lassen.

2 Der persönliche Aspekt

Für viele Segelneulinge ist bereits das Besteigen einer Yacht ein Problem. Selbst wenn das Schiff im ruhigen Hafen längsseits an einem Steg liegt, ist eine gewisse Technik notwendig. Liegt es aber irgendwo vor Anker, müssen Sie zu dieser Technik noch die Fähigkeit erlernen, sich auf dem Wasser zu bewegen.

In einem Hafen

Die Seereling, die Sie später hoffentlich vor dem Über-Bord-Fallen schützen wird, ist das erste Hindernis, wenn man an Bord steigen will. Stellen Sie zunächst fest, ob es auf dem Steg nicht einen Tritt mit ein paar Stufen oder eine Öffnung in der Reling gibt.

Ist beides nicht der Fall, suchen Sie sich eine geeignete Stelle entweder an den Wanten oder an einer der Relingsstützen. Ziehen Sie sich auf keinen Fall nur an dem Draht der Reling an Bord. Wenn Sie eine Relingsstütze benutzen wollen, fassen Sie sie möglichst unten an (je weiter oben Sie anfassen, desto größer ist die Hebelwirkung, und das lockert auf die

Geben Sie Ihre Sachen an Bord,...

...steigen Sie an einer Stütze auf die Fußschiene...

...und über die Seereling an Deck.

Steigen Sie aus dem Beiboot an einer Stütze auf die Fußschiene,...

...lehnen Sie sich mit dem Oberkörper nach vorne über...

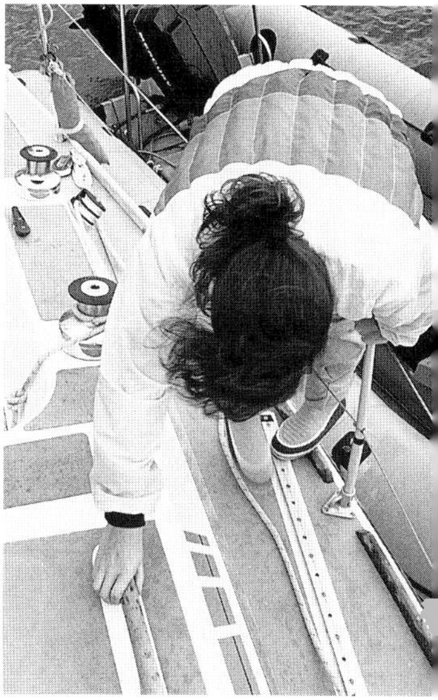

...und setzen Sie dann einen Fuß nach dem anderen an Deck.

Dauer die Befestigungen der Stütze; erfahrene Segler greifen deshalb zu den Wanten, die fester verankert sind als die Stützen).

Setzen Sie einen Fuß auf die sogenannte Fußschiene und drücken Sie sich mit dem anderen Bein nach oben, so daß Sie mit beiden Füßen auf der Fußschiene außerhalb der Relingsdrähte stehen. Das Geheimnis ist, den eigenen Schwerpunkt durch Vorbeugen des Oberkörpers so schnell wie möglich über die Seereling zu bekommen.

Sobald Sie sicher auf der Kante stehen, heben Sie einen Fuß über die Reling und erst danach den anderen. Halten Sie sich grundsätzlich dabei irgendwo fest. Wenn Sie eine Segeltasche dabei haben, geben Sie sie vom Steg aus jemandem der Crew in die Hand oder packen Sie sie an Deck, damit Sie beide Hände frei haben.

Von einem Beiboot aus

Im Grunde gilt die gleiche Vorgehensweise mit dem kleinen Unterschied, daß die Bordwand der Yacht erheblich höher aus dem Wasser ragt als das Beiboot und daß sich beide Fahrzeuge ständig auf und ab bewegen. Schon bei kleinen Wellen aber sind diese Bewegungen nicht synchron. Selbst bei völlig glattem Wasser wird das Übersteigen schwierig, da Sie Ihr Gewicht von einem Boot zum anderen verlagern müssen.

Wenn Sie von Bord der Yacht in das Beiboot übersteigen wollen, ist es besonders wichtig, sich zunächst außerhalb der Reling mit beiden Füßen auf die Fußschiene zu stellen. Versuchen Sie auf gar keinen Fall, direkt von Deck aus über die Reling in das Beiboot zu gelangen. Eher früher als später wird das Beiboot im entscheidenden Moment etwas ab-

driften, und dann hängen Sie da, den obersten Relingsdraht zwischen den Beinen und mit Ihrem gesamten Gewicht möglicherweise auch noch auf dem Draht. Diese Situation ist unter Umständen schmerzhaft, gefährlich und in höchstem Maße unseemännisch.
Sollte der Höhenunterschied zwischen Beiboot oder Steg und der Fußschiene zu groß sein, knien Sie sich mit einem Knie auf die Schiene, um das Übersteigen von oder an Bord zu erleichtern. Das ist nicht gerade komfortabel, aber deutlich besser als zu fallen.

Vermeiden Sie Verletzungen

Sie tragen die Verantwortung dafür, sich nicht zu verletzen. Denn Sie würden damit nicht nur sich selbst schädigen, sondern auch den Skipper und die anderen Crewmitglieder, denen Sie unter Umständen den anstehenden Törn verleiden würden, weil man sich um Sie kümmern müßte.
Yachten sind für unaufmerksame Menschen voller Fallen und man kann gar nicht oft genug darauf hinweisen, daß Gedankenlosigkeit mit Abstand die häufigste Unfallursache ist.
Denken Sie zu Ihrem eigenen Besten immer daran, niemals eine Leine unter Last loszuwerfen, wenn Sie sie nicht auch sofort loslassen können.
Stellen oder setzen Sie sich niemals auf ein Ausrüstungsteil, das unter Last von einem Beschlag nach unten gehalten wird. Der Beschlag könnte brechen und das Teil nach oben schnellen.
Achten Sie immer darauf, wo Sie hintreten, wenn mit losen Leinen gearbeitet wird. Denn wenn eine Leine plötzlich belastet wird, darf kein Fuß in eine sich zusammenziehende Schlinge geraten.
Seien Sie besonders vorsichtig, wenn Sie mit Draht hantieren. Draht hat die unangenehme Eigenschaft, daß einzelne der feinen Drähte, aus denen er besteht, brechen und sich zu rasiermesserscharfen Häkchen aufbiegen können, die sehr schmerzhafte Verletzungen hervorrufen.

Die Kleidung

Segelbekleidung soll, ähnlich wie Skikleidung, Funktionalität und modische Optik miteinander verbinden. Manche Segler achten bei ihrer Kleidung auch darauf, daß traditionelle Werte erhalten bleiben.
Weiße Mützen, dunkelblaue Jackets und weiße Hosen beziehungsweise weiße, weite Röcke werden an Bord zum Teil noch in Kreisen getragen, in denen die Arbeiten von bezahlten Crews erledigt werden. Die meisten Segler tragen bequeme Kleidung, die durch spezielle wasser- und winddichte Stücke ergänzt wird.
Ganz allgemein sollte die Kleidung auf den bevorstehenden Törn und die Crew der Yacht abgestimmt sein, so wie man an Land auch immer versuchen sollte, nie over- oder underdressed zu erscheinen. Für einen Törn zum Beispiel, bei dem man lange Zeit auf See ist und an Land höchstens eine Kneipe besuchen will, ist warme, strapazierfähige und bequeme Kleidung das richtige. Wird man dagegen eingeladen, einige Tage im Mittelmeer von einem mondänen Yachthafen zum nächsten mitzusegeln, sollte man für den Landgang schon die etwas bessere Kleidung mitnehmen. Den Oberkellner eines Nobelrestaurants wird es wenig interessieren, daß Sie vielleicht

Um den Segeltörn genießen zu können, müssen Sie trocken, warm und bequem gekleidet sein. Jeans und ein Sweatshirt halten Sie warm.

Um trocken zu bleiben, brauchen Sie Gummistiefel, eine hochgeschnittene Ölzeughose und eine dazu passende Jacke.

ein alter Seebär sind, der gerade von einem langen Törn an Land zurückgekehrt ist.

Denken Sie aber grundsätzlich daran, daß der Platz an Bord begrenzt ist und daß die Temperaturen auf See immer deutlich niedriger sind als an Land. Wählen Sie Kleidung, die man auch guten Gewissens irgendwo hineinstopfen kann und die möglichst winddicht ist. Wenn Sie sich unterwegs wohl fühlen und Ihnen nicht kalt ist, werden Sie mehr Spaß an der Segelei haben und sich als stets gutgelauntes Crewmitglied empfehlen.

Der Sicherheitsgurt

Der Sicherheitsgurt ist ein wesentlicher Bestandteil Ihrer Segelkleidung. Er wird Ihnen meist an Bord zur Verfügung gestellt, aber wann Sie ihn tragen und benutzen, müssen Sie oft selbst entscheiden.

Der eigentliche Gurt behindert kaum. Er besteht aus einigen eng anliegenden Bändern mit einem Schloß vor der Brust. Es macht durchaus Sinn, den Gurt vor dem Auslaufen anzulegen. Überzeugen Sie sich davon, daß er richtig sitzt, denn dann wird es Ihnen nichts ausmachen, den Gurt während der Seereise

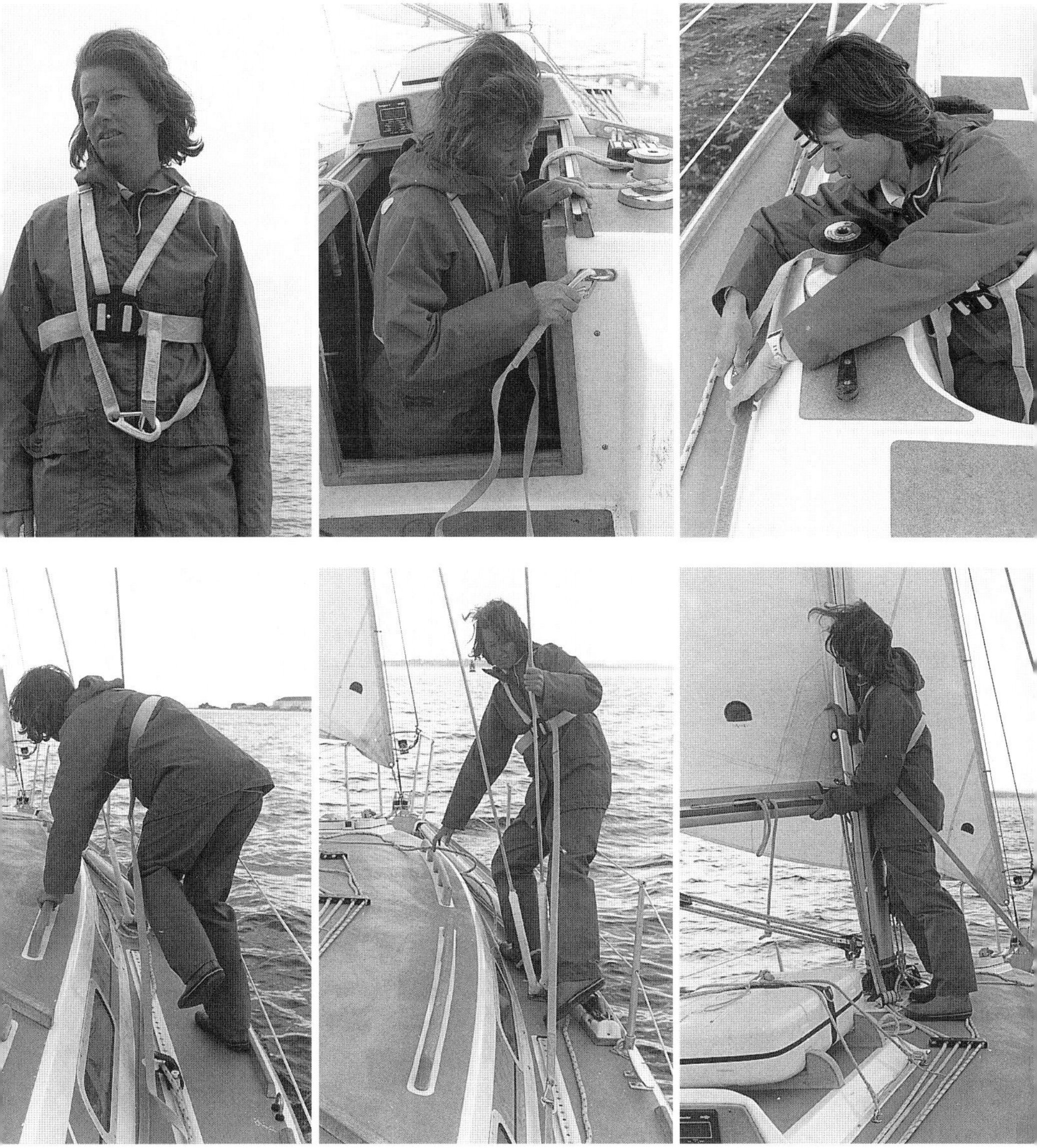

Leinen Sie sich bei Seegang und nachts grundsätzlich an. Der Karabiner wird in eine der dafür vorgesehenen Ösen eingehakt, sobald Sie an Deck kommen. Bevor Sie aufs Vorschiff gehen, sichern Sie sich an einem der Jackstays. Und bleiben Sie immer angeleint!

ständig zu tragen. Es gibt Ölzeugjacken, die mit einem integrierten Sicherheitsgurt versehen sind. Wenn Sie sich neues Ölzeug kaufen müssen, sollten Sie sich auch nach diesen Modellen erkundigen.
Die Sicherungsleine sollten Sie nicht einfach vor dem Körper herunterhängen lassen, sondern sie unter dem linken Arm hindurch über die rechte Schulter führen und mit dem Karabiner am Ende wieder an der Leine sichern. Wenn Sie sich irgendwo anleinen wollen, müssen Sie nur den Karabiner lösen und die Leine vor den Körper ziehen.

Kochen bei schwerem Wetter

Kochen an Bord ist schon bei ruhigem Wetter umständlicher als in einer normalen Küche an Land. Wenn die See so richtig rauh ist, kann die Arbeit in der Pantry sogar gefährlich sein. Falls Sie dazu ausersehen sind, Ihren Pantrydienst anzutreten, wenn die Yacht stampft und bockt – und das passiert jedem früher oder später –, beachten Sie einige wichtige Vorsichtsmaßnahmen:

- Benutzen Sie ausschließlich hohe Kochtöpfe und verwenden Sie keine Bratpfanne. Wenn ein Drucktopf an Bord ist, benutzen Sie ihn mit Deckel, jedoch ohne daß sich Druck aufbauen kann. Falls der dann vom Kocher rutscht, bleibt der heiße Inhalt wenigstens im Topf und kann sich nicht überallhin ergießen.
- Benutzen Sie nur wenig Wasser und möglichst kein heißes Öl. Im Seegang schaukeln sich Flüssigkeiten schnell auf, und heiße Spritzer können üble Verbrennungen zur Folge haben.
- Tragen Sie bei schlechtem Wetter für alle Fälle hochgeschnittene Ölzeughosen, um sich zu schützen.
- Der schaukelnde Kocher sollte durch eine Stange gesichert sein, damit Sie nicht dagegen fallen können. Außerdem muß ein Gurt vorhanden sein, damit Sie nicht weggeschleudert werden können.
- Servieren Sie heiße Getränke und Suppen in großen Bechern, die nur zur Hälfte gefüllt sind.

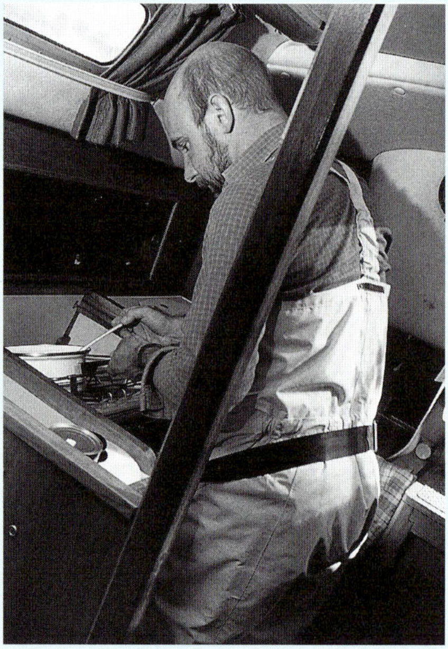

Ein Gurt in der Pantry dient der Sicherheit bei Krängung. So kann mit beiden Händen gearbeitet werden.

Fahrtenyachten sind im Cockpitbereich üblicherweise mit mehreren Augbolzen versehen, an denen man die Sicherungsleinen bei schwerem Wetter und bei Dunkelheit befestigen sollte. Wenn Sie bei derartigen Bedingungen auf das Vorschiff gehen müssen, sichern Sie sich an den Jackstays, das sind straff an jeder Seite des Laufdecks gespannte Drähte oder Gurte, die vom Cockpit bis zum Vorschiff reichen. Abhängig von der Konstruktion der Yacht laufen sie innerhalb oder außerhalb der Wanten entlang. Man sollte sich den Verlauf der Jackstays unbedingt bei Tageslicht ansehen, damit man im Dunkeln nicht auf der falschen Seite an den Wanten vorbeigehen will und dann gestoppt wird.

Leinen Sie sich grundsätzlich an, wenn Sie bei schwerem Wetter das vergleichsweise sichere Cockpit verlassen und an Deck arbeiten müssen, außerdem bei Nacht oder wenn Sie seekrank sind. Seekranke sitzen oder liegen meist in Lee (der dem Wind abgewandten Seite) des Schiffes, damit sie bei Erbrechen nicht das Deck beschmutzen. Sie müssen besonders gut gesichert werden, da sie sich selbst nicht darum kümmern und es ihnen, im Gegensatz zur restlichen Crew, in schweren Fällen völlig egal ist, ob sie über Bord fallen und ertrinken. Im Gegenteil, manche wünschen es sich sogar, weil dann die Leiden ein Ende haben.

Mittel gegen die Seekrankheit

Abgesehen vom Tod ist das beste Mittel gegen Seekrankheit, die betroffene Person in den Schiffsbetrieb einzubinden. Wer es kann, sollte eine Zeitlang steuern oder wenigstens Ausguck halten, möglichst ohne dabei auf die Bewegungen der Yacht zu achten. Wenn all das nicht hilft, sollte man sich unter Deck hinlegen und an einem trockenen Zwieback knabbern.

Wenn Sie anfällig für die Seekrankheit sind, sagen Sie dem Skipper vor Beginn des Törns Bescheid. Vielleicht hat er (oder sie) Medikamente oder spezielle Pflaster an Bord, die aber nur wirken können, wenn man sie rechtzeitig anwendet. Ist man bereits seekrank, nützen diese Mittel nichts mehr.

3 Die Decksbeschläge

Das zunächst sicherlich Verwirrendste für den Segelanfänger ist die Vielfalt an mechanischer Ausrüstung, mit der eine durchschnittliche Fahrtenyacht bestückt ist. Dazu kommt die Tatsache, daß jedes einzelne Teil einen ganz speziellen Namen hat, der oft nicht das geringste mit dessen Funktion zu tun hat.

Winschen

Das wichtigste Ausrüstungsteil ist die Winsch, die man in irgendeiner Form und Größe auf jeder Segelyacht findet. Für einen völligen Neuling wird es überraschend sein, wie gering die Kräfte eines Menschen im Vergleich zu der enormen Kraft sind, die der Wind in einem Segel erzeugen kann. Zieht man die belastete Schot eines ziehenden Segels aus ihrer Klemme und versucht, sie ohne die Hilfe einer Winsch zu halten, handelt man sich unter Umständen aufgescheuerte Handflächen oder gebrochene Finger ein. Selbst auf einem kleinen 8-Meter-Boot ist das kaum zu schaffen. Das Ergebnis ist in jedem Falle ein Chaos an Deck. Auf größeren Yachten führen schon

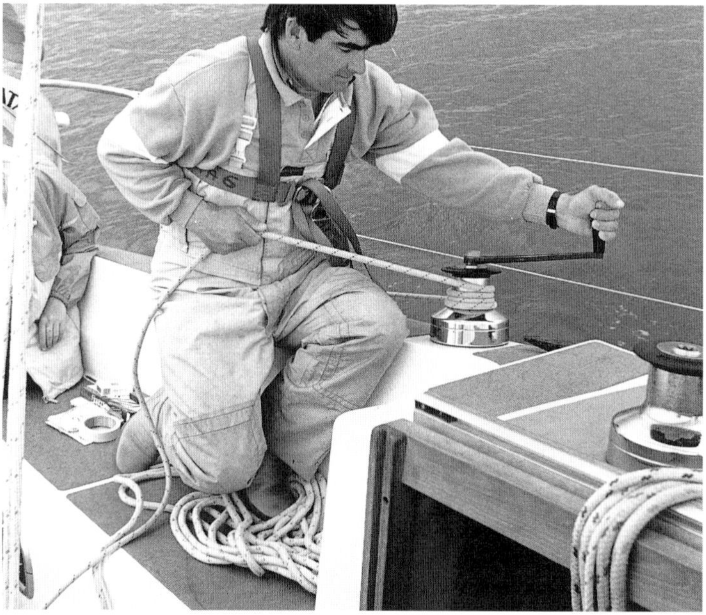

Dichtholen: Legen Sie drei bis vier Törns auf die Trommel und halten Sie das Ende auf Spannung, während Sie mit der anderen Hand kurbeln.

kleine Fehler in der Handhabung schnell zu Unfällen. Deshalb sollte zum Bedienen von Schoten und Fallen grundsätzlich eine Winsch benutzt werden.
Eine Winsch besteht aus einer hohlen Trommel, auf die die Leine gelegt wird. Angetrieben wird die Winsch mit Hilfe einer Kurbel, die in ein speziell geformtes Loch oben auf der Winsch gesteckt wird. Winschtrommeln drehen sich grundsätzlich nur im Uhrzeigersinn. Sicherungen im Inneren verhindern, daß sie sich anders herum drehen können. Der belastete Teil der Leine, die auf der Winschtrommel liegt, wird als feste Part, das andere, unbelastete Ende als lose Part bezeichnet. Legt man die Leine mehrfach um die Winsch (man legt Törns auf die Winsch), kann man durch nur leichten Zug am losen Ende letztlich eine große Last halten. Fast die gesamte Last, zum Beispiel die eines Segels, wird durch Reibung von der Leine auf die Winschtrommel übertragen. Rutscht die Schot trotzdem auf der Trommel, genügt es, wenn man ein oder zwei Törns mehr auflegt.
Die Winsch ist also ein wichtiges Hilfsmittel, wenn man eine große Last halten oder gar dichtholen will. Dreht man an der Kurbel, kann ein Mensch ein Vielfaches dessen bewegen, was er allein mit den Händen zu ziehen vermag. So kann ein 50 Kilogramm schweres Mädchen problemlos ein Segel bedienen, das eine 10 Tonnen schwere Yacht vorantreibt.

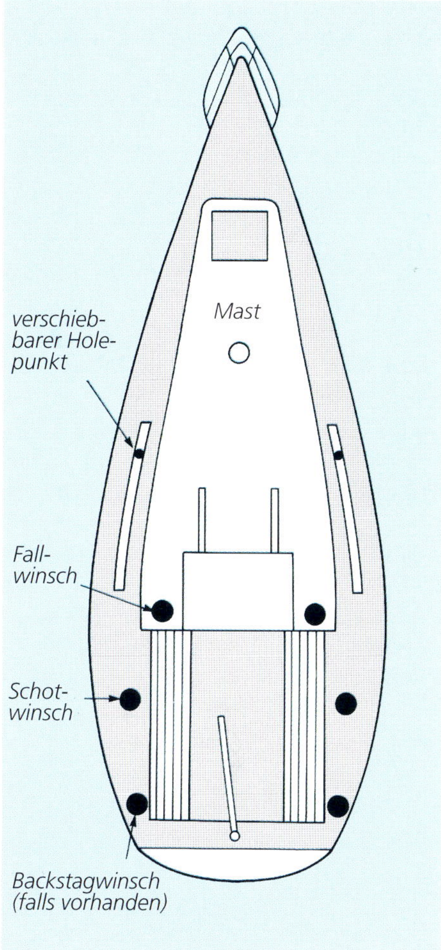

Das sind die Positionen der wichtigsten Winschen an Bord einer mittelgroßen Yacht.

Der mechanische Vorteil

Der mechanische Vorteil einer Winsch wird entweder durch die Länge der Kurbel (je länger sie ist, desto größer wird die erzeugbare Kraft) oder durch ein Getriebe im Inneren der Trommel erzeugt. Größere Yachten sind oft mit Zwei- oder auch mit Dreigangwinschen ausgerüstet. Kommt man mit dem ersten Gang nicht mehr weiter, dreht man die Kurbel in die entgegengesetzte Richtung und schaltet damit den zweiten Gang ein. Für den dritten Gang mit der größten Kraft muß man zunächst auf einen Knopf an der Winsch drücken und dann mit der Kurbel wiederum in die andere Richtung drehen. Kombiniert man eine Getriebewinsch mit einer langen Kurbel, erreicht man auf einer 13-Meter-Yacht mit einer einzigen Winsch ein mechanisches Kräfteverhältnis von etwa 65:1.

Eine selbstholende Winsch hält das Leinenende fest, man kann mit nur einer Hand dichtholen.

Winschkurbeln

Ohne eine Winschkurbel kann man mit den Händen höchstens eine unbelastete Schot dichtholen, nicht aber ein Segel voller Wind. Winschkurbeln sind recht teuer, man sollte sie deshalb nach Gebrauch immer wieder von der Winsch abnehmen und sie in die (hoffentlich in der Nähe vorhandene) Kurbeltasche stecken. Zu schnell faßt eine lose Leine unter die Kurbel, reißt sie nach oben weg und dann meistens über Bord.

Frühere Winschmodelle, wie man sie noch häufig auf Fahrtenyachten findet, die älter als 20 Jahre sind, haben auf der Trommel oft nur einen Schlitz, in den die Kurbel gesteckt wird. Moderne Winschen haben ein viereckiges oder sternförmiges Loch in der Mitte der Trommel, zu dem das Gegenstück an der Kurbel genau paßt.

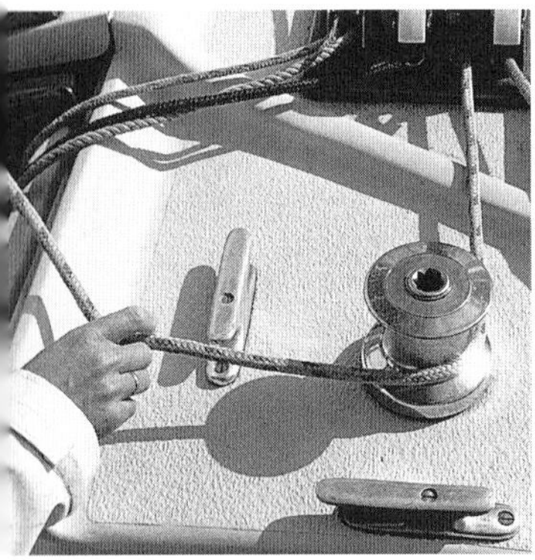

Legen Sie einen Törn auf die Trommel,...

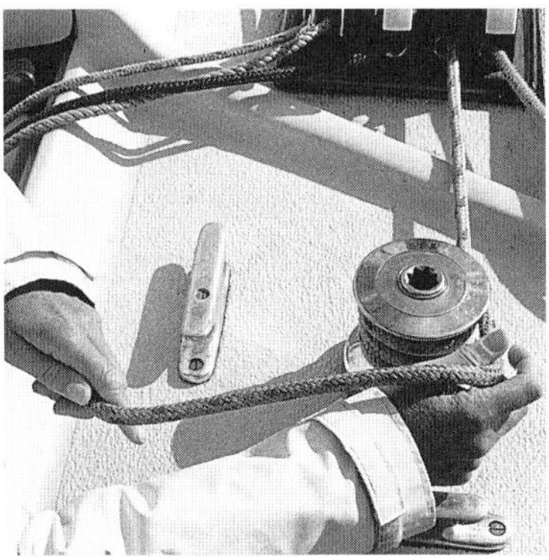

...und noch zwei dazu,....

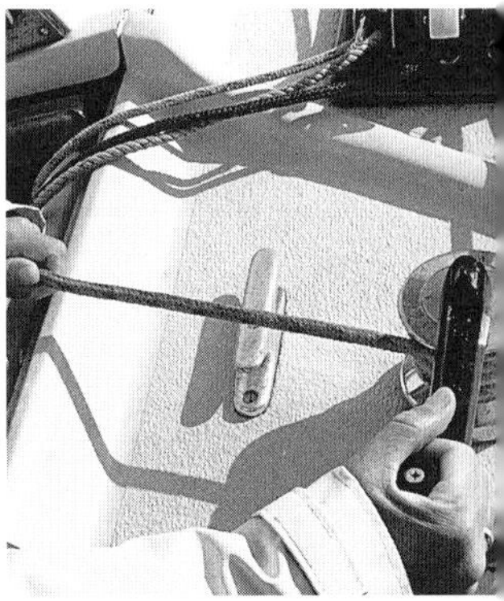

...stecken Sie die Kurbel auf,...

Mehrere Törns werden auf die Trommel der selbstholenden Winsch gelegt,...

...dann die Leine über die Führung und in die gezahnte Rille,...

...und nun kann gekurbelt werden.

Die einfachsten Kurbeln sind massive Metallteile, andere haben eine eingebaute Ratsche, so daß die Kurbel immer wieder ein Stück zurückgezogen werden kann, damit der Benutzer einen optimalen Zugwinkel erreicht. Viele Winschkurbeln haben eine integrierte Sicherung. Über einen kleinen Hebel wird eine viereckige oder sternförmige Platte an der Unterseite des Kurbelzapfens etwas verdreht und sichert die Kurbel so in der Trommel.

Selbstholende Winschen

Viele moderne Fahrtenyachten sind mit selbstholenden Winschen ausgerüstet. Sie

...kurbeln Sie dicht,...

...legen Sie das Ende um eine Klampe,...

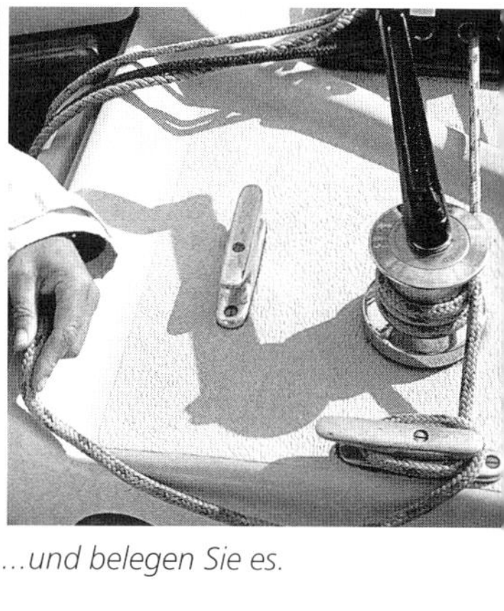

...und belegen Sie es.

funktionieren genau wie die bereits beschriebenen normalen Winschen, haben aber zusätzlich über der eigentlichen Trommel eine umlaufende, gezahnte Rille. Das lose Ende der Schot wird wie gehabt zunächst einige Male auf die Trommel, dann aber über einen Metallbügel und in die Rille gelegt. Wenn man die Winsch mit der Kurbel dreht, hält die gezahnte Rille einen Teil der Leine fest und führt das lose Ende weg.
Man muß immer daran denken, daß die Last nur von den Törns auf der Winschtrommel gehalten wird, nicht aber von der gezahnten Rille. Man sollte deshalb grundsätzlich den gesamten Trommelbereich nutzen, bevor man das Ende der Leine über den Bügel und in die Rille legt.

Das Kurbeln

Ob einfache oder selbstholende Winsch – das Prinzip des Kurbeln ist immer dasselbe. Unterschiede gibt es im Abziehen des losen Endes: Bei einer einfachen Winsch kurbelt man entweder mit einer Hand und zieht das Ende mit der anderen ab, oder man kurbelt mit beiden Händen und ein anderes Crewmitglied zieht ab. Eine selbstholende Winsch kann ohne Hilfe beidhändig gekurbelt werden, und gerade deshalb ist sie so populär geworden. Andererseits dauert das Arbeiten mit einer selbstholenden Winsch vor allem bei leichten Winden etwas länger als mit einer einfachen.
Achten Sie darauf, daß eine Schot richtig zu ihrer Winsch geführt ist und nirgendwo scheuert oder gar auf der falschen Seite einer Relingsstütze entlangläuft.
Die Schot muß die Winschtrommel wenigstens mit einem kleinen Winkel von unten über die breite Basis erreichen. Kommt sie senkrecht zur Winschenachse oder gar von schräg oben, legt sich die unter Last stehende Part allzugerne über die Törns auf der Winsch. Dies wird Überläufer genannt, und wenn das passiert, geht meist gar nichts mehr. Bei sehr großer Last auf der Schot kann ein Überläufer nur unter Anwendung von Gewalt gelöst werden.
Winschen drehen sich, wie schon gesagt, grundsätzlich nur im Uhrzeigersinn. Wenn Sie eine benutzen wollen und sich über die Drehrichtung nicht im Klaren sind, drehen Sie die Winsch kurz und legen Sie dann die Törns in eben diese Richtung auf die Trommel. Wieviele Törns aufgelegt werden müssen, hängt von der zu erwartenden Last ab – je größer sie ist, um so mehr Törns sind aufzulegen. Andererseits aber dürfen auch nicht so viele Törns aufgelegt werden, daß die Schot beim Ziehen am losen Ende auf der Trommel unklar wird und blockiert. Drei Törns auf der Trommel sind für die meisten Arbeiten ausreichend, und die lose Schot läßt sich so auch schnell von Hand dichtholen.

Kurbeltricks

In einigen Fällen, zum Beispiel beim Kreuzen, kann man zunächst nur zwei Törns auf die Winsch legen und ein bis zwei weitere erst dann, wenn Last auf die Schot kommt. Das ist besonders einfach, wenn die Winschkurbel noch nicht aufgesetzt ist. Erwischt man für die letzten beiden Törns den Moment kurz bevor die Schot belastet wird, um so besser. Es kann aber auch notwendig werden, mehr Törns auf die Trommel zu legen, wenn die Schot schon belastet ist.
Man muß dabei immer darauf achten, daß man das lose Ende der Schot auf Spannung hält, so daß die bereits aufgelegten Törns nicht rutschen können und daß die Finger

So sieht ein Überläufer aus.

beim Auflegen niemals zwischen Leine und Trommel geraten. Das nämlich könnte schnell zu Quetschungen oder Brüchen führen.
Halten Sie das lose Ende der Schot mit der linken Hand unter Spannung. Die Hand muß so weit von der Trommel entfernt sein, daß der Abstand zwischen Trommel und Hand in etwa einem Törn entspricht. Greifen Sie nun mit der rechten Hand die Leine bei etwa einem Drittel der Distanz zwischen Trommel und linker Hand. Legen Sie diesen Teil der Leine auf die Winschtrommel, und übergeben Sie dabei die Last allmählich von der linken auf die rechte Hand.
Sobald sich Ihre rechte Hand auf der gegenüberliegenden Seite der Winsch befindet, drehen Sie das Handgelenk ein bißchen, damit weder die Hand noch einzelne Finger zwischen Leine und Trommel geraten können. Mit Ihrer rechten Hand legen Sie anschließend den nächsten Törn auf die Trommel, wobei Sie die Restlast halten müssen. Nochmals: Achten Sie immer darauf, daß die Finger Ihrer rechten Hand während dieses Vorganges nie zwischen Leine und Trommel geraten!
Handelt es sich um eine selbstholende Winsch, ist der obere, holende Teil der Winsch zunächst nutzlos. Alternativ kann man natürlich gleich die gesamte Trommelhöhe mit Törns belegen, dann aber ist das Durchholen der zunächst nicht belasteten Schot schwer und langsam. Man geht deshalb zunächst genauso vor wie bei einer normalen Winsch und legt das lose Ende erst in die gezahnte Rille, wenn es um den Feintrimm des Segels geht.

Überläufer

Überläufer entstehen, wenn sich die Leine, die zur Winsch führt, über die aufgelegten Törns legt. Gründe dafür können ein falscher Winkel sein, unter dem die Leine an der Winsch ankommt, oder wenn das lose Ende

Passen Sie auf Ihre Finger auf, wenn Sie einen zusätzlichen Törn auf die Winsch legen.

Um eine Leine zu sichern, die Sie mit einer Winsch dichtgeholt haben, muß man sie nur einmal um eine Klampe legen und das Ende unter dem konischen Horn festklemmen.

nicht schnell genug abgezogen wird. Wird ein Überläufer nicht sofort erkannt, kann er die Winsch vollständig blockieren.
Die einzige Möglichkeit, Überläufer wieder zu beseitigen, ist, die Last von der Leine zu nehmen und die einzelnen Törns, am unteren Teil der Trommel beginnend, zu entfernen. Überläufer treten häufig beim Wenden auf. Um die feste Part der Schot entlasten zu können, muß man meist eine Reserveschot an das Segel knoten und sie über eine andere Winsch dichtholen. Nur so bekommt man genug Lose in die Schot mit dem Überläufer.

Klemmen und Stopper

Das lose Ende einer Leine, das unter Last auf einer Winsch liegt, muß irgendwie festgemacht werden, damit man es unbeaufsichtigt lassen kann. Dazu verwendet man Klemmen oder Stopper.
Es gibt sogenannte Klemmklampen, deren eines Ende mit dem Deck einen Keil bildet und die Leine einklemmt. Die Curry-Klemmen (erfunden von Manfred Curry) bestehen aus zwei beweglichen Backen mit Zähnen, die die Leine dazwischen festhalten. Die sogenannte

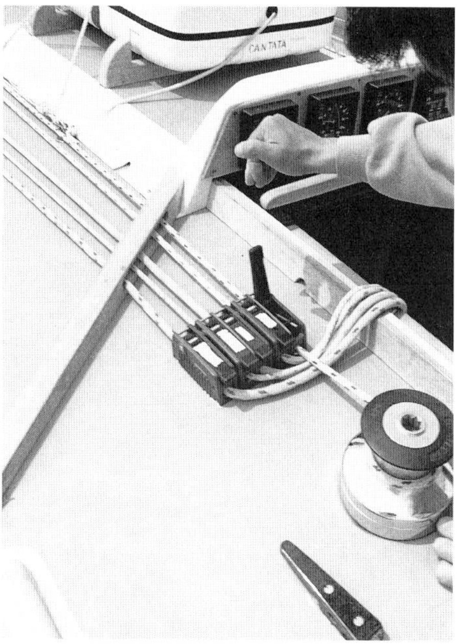

Eine Batterie von Hebelklemmen hält die Fallen und andere Trimmleinen.

Kammklemme hat keine beweglichen Teile, sondern eine längliche, V-förmige Nut mit Zähnen, in die die Leine hineingedrückt wird. Stopper sind in der Regel Hebelklemmen. Die Leine wird durch den Beschlag hindurchgeführt. Wenn der Hebel nach oben steht, ist die Klemme offen, und die Leine kann sich frei hin und her bewegen. Wird der Hebel hinuntergedrückt, wird die Leine festgeklemmt. Manche Stopper sind so konstruiert, daß man die Leine auch in geschlossenem Zustand durchziehen kann, allerdings nur in eine Richtung.

In den meisten Fällen drückt der Hebel eine Metallplatte auf die Leine, die mit einer Zahnung versehen ist, und so das Durchrutschen verhindert. Mehrere Hebelklemmen werden häufig zu Blöcken zusammengefaßt, hinter denen eine Winsch montiert ist. So kann man mit einer Winsch verschiedene Fallen und Strecker bedienen, allerdings immer nur eine zur Zeit.

Blöcke

Eine weitere wichtige Gruppe von Beschlägen sind sogenannte Blöcke, von Landratten auch gerne als Rollen bezeichnet. Blöcke gibt es in vielen unterschiedlichen Formen und Größen. Sie bestehen grundsätzlich aus einer oder mehreren Scheiben, die auf einer Achse zwischen den äußeren Backen gelagert sind. Die Scheiben gibt es für Tauwerk und für Draht. Mehrscheibige Blöcke können zu Taljen (Flaschenzügen) zusammengefaßt werden, das beste Beispiel dafür an Bord einer Yacht ist die Großschot, mit der das Großsegel kontrolliert wird. Manche Blöcke können für verschiedene Aufgaben benutzt werden, andere erfüllen nur einen einzigen Zweck. Es gibt fest montierte Blöcke und andere, die bei Bedarf kurzfristig benutzt werden können.

Umlenkblöcke

Wie der Name schon sagt, dienen Umlenkblöcke dazu, einer Leine eine andere Richtung zu geben, etwa um eine Ecke herum oder zu einer Winsch. Umlenkblöcke werden entwe-

Um eine Leine richtig zu belegen, wird sie zunächst einmal um die gesamte Klampe und dann über Kreuz gelegt. Ein weiterer ganzer Törn sichert die Leine.

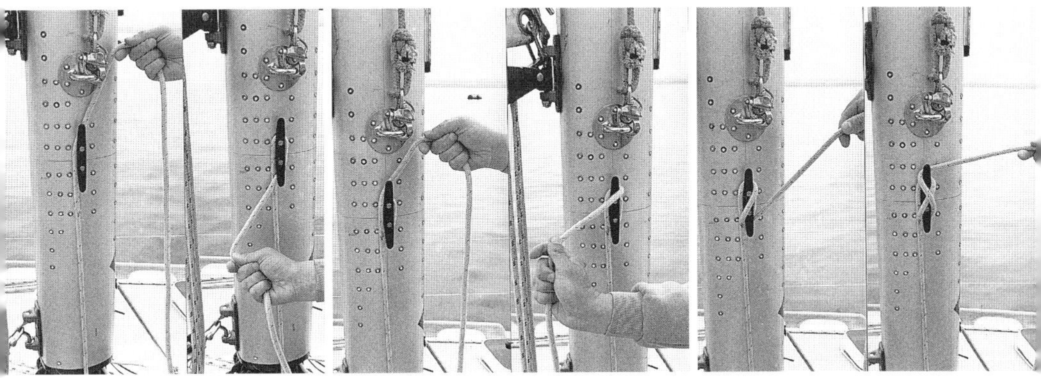

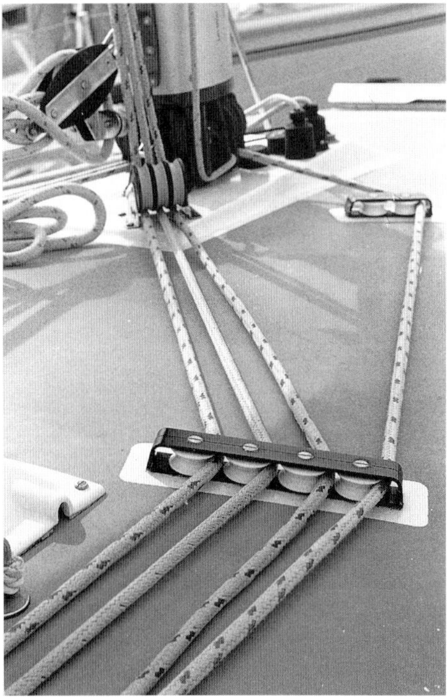

Eine Ansammlung von Umlenkblöcken, die verschiedene Leinen vom Mast wegführen.

der fest mit dem Deck verschraubt oder an Augbolzen geschäkelt. Eine besondere Art von Umlenkblöcken sind die für die Genuaschoten, die auf Rutschern sitzen, die wiederum auf fest montierten Schienen gleiten und so verstellbar sind.

Snatch-Blöcke

Diese Art von Blöcken hat eine oder zwei bewegliche Backen, die weggeklappt werden können, um eine lange Leine einzulegen. Sie muß also nicht wie bei allen anderen Blöcken mit einem Ende zuerst eingefädelt werden.

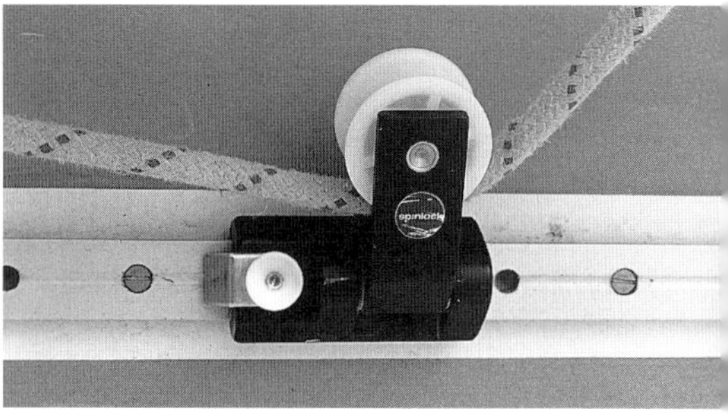

Ein Schotumlenkblock auf der Genuaschiene.

Schäkel

Schäkel sind universell verwendbare Verbindungsteile. Ein einfacher Schäkel besteht aus einem U-förmig gebogenen Stück Metall, durch dessen durchbohrte Enden als Verschluß ein beweglicher Bolzen paßt. Mit Hilfe von Schäkeln kann man praktisch jedes Teil, das mit einem ausreichend großen Loch versehen ist, mit anderen Teilen verbinden.

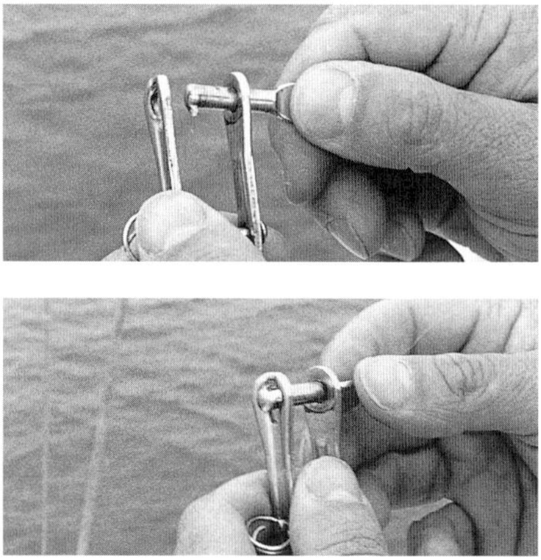

Der Bolzen des Patentschäkels hält durch seine schlüsselähnliche Form.

Schäkel gibt es in vielen unterschiedlichen Formen und Größen.

Zu den frustrierenden Momenten an Bord gehört der unbeabsichtigte Verlust des Schäkelbolzens, während man die zu verbindenden Teile festzuhalten versucht. Es gibt auch sogenannte Sicherheitsschäkel, deren Bolzen so geformt sind, daß sie nicht herausrutschen können. Schäkelbolzen sind entweder mit einem richtigen Gewinde oder einem kleinen, angeschweißten Stift versehen. Die letztere Ausführung läßt sich im Gegensatz zu dem Gewindemodell mit einer halben Drehung des Bolzens sicher verriegeln.

Schnappschäkel

Hierbei handelt es sich um besonders geformte Schäkel, die auch unter Last schnell geöffnet werden können. Die eine Hälfte des U-förmigen Bügels ist an einem Ende drehbar gelagert, das andere Ende wird mit einem Bolzen gehalten, der genau in eine entsprechende Bohrung paßt. Dieser Bolzen wird durch Federdruck in seiner Position gehalten, so daß der Schäkel geschlossen ist. Am anderen Ende des Bolzens ist ein beweglicher Federring angebracht, an dem wiederum ein kurzes Stück dünnes Tauwerk befestigt ist. Zieht man daran, öffnet sich der Schnappschäkel auch unter Last. Fehlt das Stück Leine, kann der belastete Schäkel kaum geöffnet werden. Schnappschäkel gibt es ebenfalls in verschiedenen Größen und Formen.

Weitere Beschläge

Gut bewährt hat sich an Bord eine fertig geschorene Arbeitstalje aus zwei- oder dreischeibigen Blöcken und einer langen Leine. Jeder Block ist mit einem Schnappschäkel versehen, so daß die Talje schnell irgendwo befestigt werden kann. Es gibt viele Anwendungsbereiche, zum Beispiel um den Großbaum vor dem Wind festzuhalten oder um schwere Gegenstände aus dem Beiboot an Deck zu ziehen.

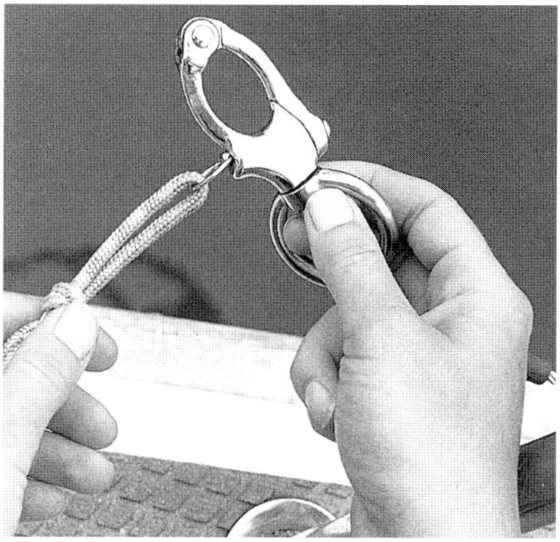

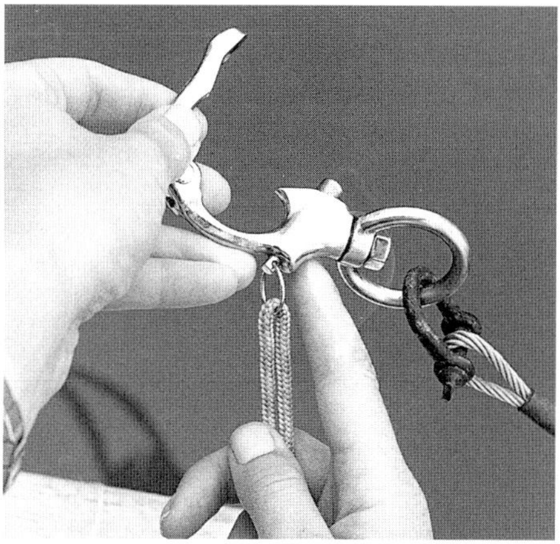

Ein Schnappschäkel wird mit einem Bolzen gesichert, den eine Feder in seiner Stellung hält.

4 Das Tauwerk

Das erste, was Ihnen an Bord einer Fahrtenyacht sicherlich auffallen wird, ist eine Unmenge an Tauwerk. Die Chancen stehen gut, daß Ihr erster Job an Bord mit irgendeinem Stück Tauwerk zu tun hat, das Sie irgendwo durchstecken oder um irgend etwas herumschlingen müssen, um es dann mit einem Knoten zu sichern.

In der Seemannssprache bezeichnet man mit Knoten entweder die Geschwindigkeit eines Schiffes oder das Durcheinander, das eine Leine zu bilden pflegt, wenn man sie nicht ordentlich aufgeschossen hat (auch Wuling genannt). Ein echter Seemann nennt alle Knoten bei ihren Namen, sie dienen entweder zum Verbinden zweier Leinen oder um irgend etwas irgendwo festzumachen.

Der halbe Schlag

Als regelrechten Knoten kann man den halben Schlag eigentlich nicht bezeichnen, denn er geht von allein wieder auf. Aber er ist ein Teil vieler anderer Knoten, wie zum Beispiel der Schleife an Schnürschuhen. Jeder, der einmal das eine Ende einer Leine unter das andere geschlungen und dann festgezogen hat, hat einen halben Schlag produziert. Er ist hier nur deshalb beschrieben, weil er in einigen der folgenden Knoten vorkommt.

Halber Schlag

Der Palstek

Dieser Knoten ist universell einsetzbar und deshalb einer der häufigsten Knoten. Das Ende eines Stück Tauwerks bildet dabei ein festes Auge, daß sich nicht zusammenzieht, aber auch nicht von allein aufgeht. Das Auge kann durch einen Ring oder eine Öse geführt (so wird zum Beispiel die Schot an einem Segel befestigt), über einen Pfahl geworfen oder um etwas (eine Stange, die Reling) geschlungen werden. Einziger Nachteil des Palsteks ist, daß er nicht unter Last gelöst werden kann und daß das Auge auf Dauer durchscheuern kann. Deshalb sollte der Palstek nicht zum Festmachen benutzt werden, ein

Palstek

Rundtörn mit zwei halben Schlägen ist da besser geeignet.

Der Schotstek

Der Schotstek verbindet zwei Leinen miteinander und ist unter Last unlösbar. Sind die beiden Leinen unterschiedlich dick, formen

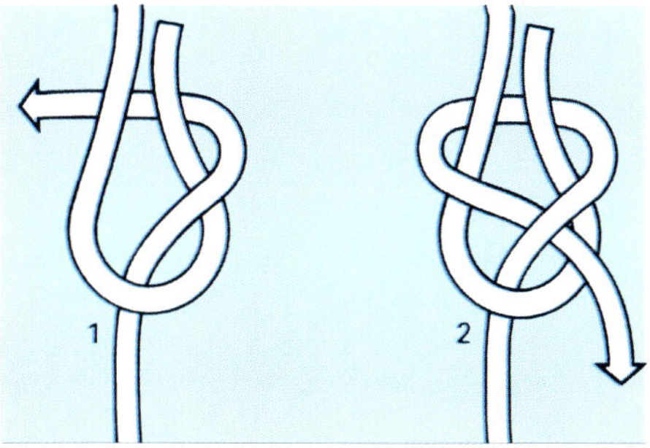

Schotstek

Sie das Auge mit der dickeren. Das dünnere Ende wird dann von unten durch das Auge, unter dem dicken Ende herum und schräg über das Auge, aber unter der dünnen Leine hindurch geführt. Legt man das dünne Ende ein zweites Mal um das Auge herum, erhält man einen doppelten Schotstek, der sicherer ist als der einfache. Der Schotstek wird zum Beispiel benutzt, wenn man eine dünne Wurfleine an einen schweren Festmacher knüpfen will.

Der Webeleinstek

Mit dem Webeleinstek wird eine Leine zum Beispiel an senkrechten oder waagerechten Pfosten festgemacht. Der Knoten bekneift sich unter Last selbst und rutscht nicht. Legen Sie zuerst ein Auge so um den Pfahl, daß das kurze Ende unter dem langen liegt. Für das

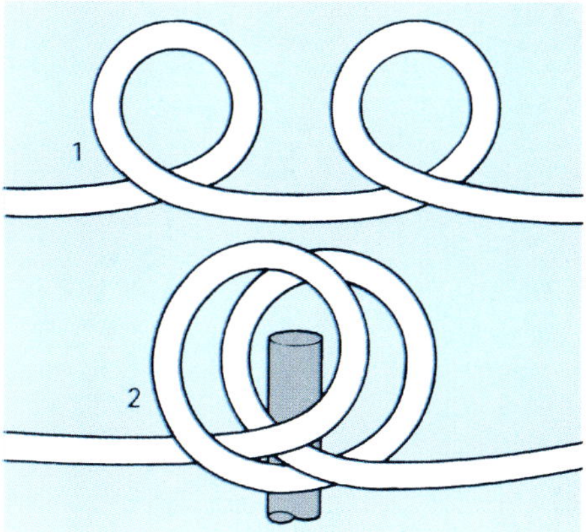

Webeleinstek

zweite Auge läuft die Leine in die gleiche Richtung mit dem kurzen Ende unter dem Auge. Man kann aber auch zwei gleiche Augen formen und das zweite unter das erste legen. Der Webeleinstek kann sich lösen, wenn die Leine nicht belastet wird. Allerdings kann man zur Sicherheit mit dem kurzen Ende noch einen halben Schlag auf das lange setzen. Der Knoten wird auch zur Befestigung von Fendern an der Seereling benutzt.

Der Stopperstek

Dieser Knoten wird so gemacht, daß die Leine nicht in eine bestimmte Richtung rutschen kann. Um das Tauwerk oder die Stange werden in Richtung der Last zwei bis drei Rundtörns gelegt. Das Ende der Leine wird schräg über die Törns geführt und der Knoten mit einem halben Schlag gesichert. Er wird verwendet, wenn es zum Beispiel auf einer Genuawinsch einen Überläufer gegeben hat und die Schot entlastet werden muß. Man setzt einen Stopperstek auf die noch un-

Eine Leine aufschießen

Greifen Sie eine Armlänge der Leine,... *...bilden Sie ein großes Auge,...* *...und schießen Sie sie bis zum Ende auf.* *Nehmen Sie das Ende,...*

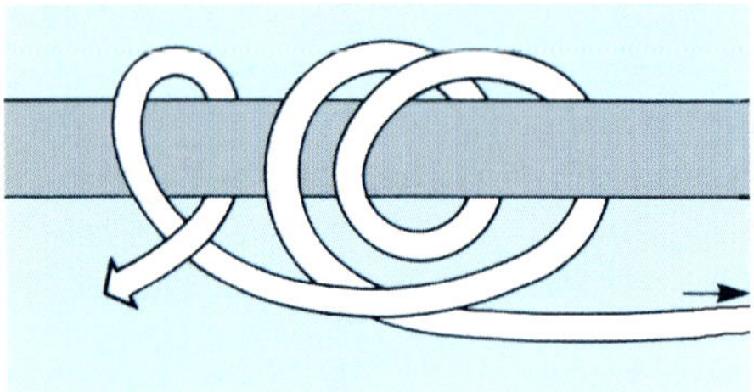

Stopperstek

ter Last stehende Schot und holt die Hilfsleine mit einer anderen Winsch dicht. Dann kann der Überläufer gelöst werden.

Der Rundtörn mit zwei halben Schlägen

So universell wie ein Palstek, aber für den Neuling einfacher zu erlernen. Legen Sie das

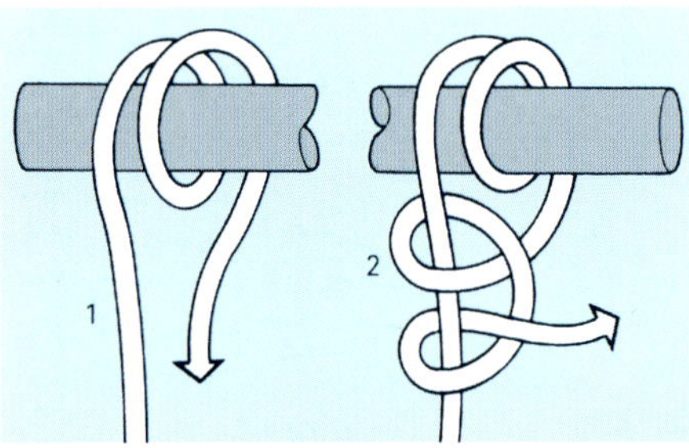

Rundtörn mit zwei halben Schlägen

Ende zweimal um die Stange herum (oder durch einen Ring), und sichern Sie den Knoten mit zwei halben Schlägen auf dem langen Ende. Dieser Knoten kann auch unter Last gelöst werden. Man sollte sich aber darüber im klaren sein, was passiert, wenn er tatsächlich unter Last gelöst wird. Ein typischer Anwendungsfall ist der, wenn man das Beiboot mit seinem Festmacher an einem Metallring in der Kaimauer anbinden will.

Der Achtknoten

Dieser häßliche Knoten sollte eigentlich nicht benutzt werden, er wird jedoch in vielen Publikationen als Stopper am Ende einer Schot

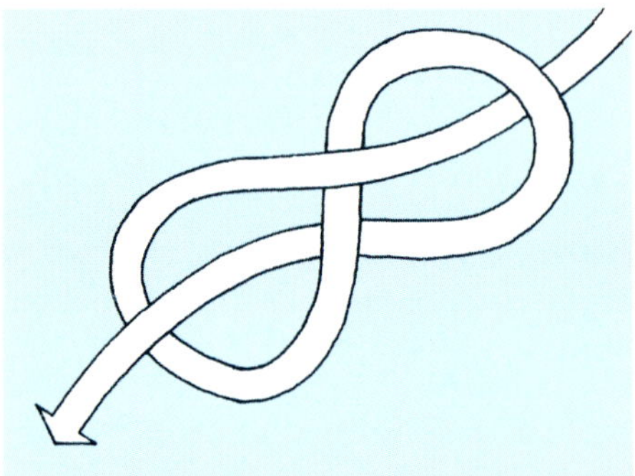

Achtknoten

...wickeln Sie es zweimal um alles herum,...

...stecken Sie eine Bucht durch,...

...über das gesamte Tauwerk,...

...und hängen Sie es auf.

empfohlen, damit beispielsweise die Leine nicht vollständig durch einen Block laufen kann. Er wird hier gezeigt, damit Sie wissen, wie Sie ihn aufmachen und ihn durch den später beschriebenen Stopperknoten ersetzen können. Der große Nachteil des Achtknotens ist, daß er fast unlösbar zusammengezogen ist, wenn er tatsächlich seinen Zweck erfüllt und eine Leine am Durchlaufen gehindert hat.

Der Stopperknoten

Formen Sie am Ende einer Leine zwei Augen und führen Sie dann das kurze Ende hindurch. Egal wie fest der Knoten zusammengezogen worden ist, Sie werden ihn immer lösen können, indem Sie die beiden Augen auseinanderdrücken. Diese sind im Grunde nichts anderes als zwei halbe Schläge. Der Stopperknoten wird vor allem auf die Enden der Fallen gemacht, damit Sie nicht im Inneren des Mastes verschwinden können.

Stopperknoten

Ein kleiner Tip

Die dünne Flaggenleine für den Clubstander im Masttopp läuft normalerweise von Deck durch einen kleinen Block im Topp und wieder zurück. Üblicherweise wird der Flaggenstock mit einem Webeleinstek an der Leine befestigt und dann hochgezogen. Dabei verdreht sich garantiert die Flaggenleine mit dem Stock, so daß man sie alle paar Meter neu klarieren muß. Das dauert oft ewig und geht an die Nerven.

Wenn Sie aber den Knoten, der die beiden Enden der Flaggenleine miteinander verbindet, lösen, den vorderen Teil der Leine außen um das Oberwant herumführen und die Enden dann wieder miteinander verknoten, werden Sie niemals wieder eine verdrehte Flaggenleine haben. Es ist schon erstaunlich, wie viele Segler noch nie an diesen einfachen Trick gedacht haben.

5 Es geht los

Jetzt sind Sie also an Bord, haben Ihre Sachen verstaut, sich mit den anderen bekannt gemacht und sich alles genau angesehen. Und dann sagt plötzlich einer: »Auf los geht's los, also los.«
Jeder hat seine eigene Art, bestimmte Dinge an Bord zu erledigen, und zu denen gehört mit Sicherheit auch der Skipper Ihrer ersten Fahrtenyacht. Wahrscheinlich werden Personen an Bord sein, die schon vorher mit dem Boot gesegelt sind und deshalb genau wissen, wie alles ablaufen soll. Am besten ist, Sie sehen sich das Ablegemanöver zunächst einfach nur an, so lernen Sie am schnellsten. Reden Sie nicht zu viel und stehen Sie den anderen möglichst nicht im Wege. Natürlich fühlt man sich nicht besonders wohl, wenn man den untätigen Passagier spielen muß, deshalb beschreiben wir im folgenden, was auf einer typischen Fahrtenyacht beim Ablegen und Segelsetzen geschieht.

Das laufende Gut

Wenn das Boot in einem Yachthafen liegt, ist die lose Ausrüstung und ein Teil des Tauwerks unter Deck gestaut. Man macht das, um einerseits frühzeitiges Altern durch ständige Sonneneinstrahlung und Nässe zu verhindern, andererseits aber auch, um Diebstahl vorzubeugen. Es ist traurig, aber wahr: Heutzutage wird selbst in gut bewachten Marinas alles geklaut, was nicht niet- und nagelfest ist. Dazu gehören Blöcke, Winschkurbeln und loses Tauwerk wie Schoten.
Die Winschkurbeln werden aus dem Bootsinneren geholt und in die dafür vorgesehenen Taschen im Cockpit und gegebenenfalls am Mast gesteckt. Die Rutscher mit den Umlenkrollen für die Genuaschoten, einige Snatchblöcke für die Spinnakerschoten und eventuell eine Bullentalje müssen montiert werden. Diese teuren, häufig einfach zu entfernenden Teile werden oft in einem Plastikeimer unter Deck verstaut. Vor dem Auslaufen muß also dieser Eimer an Deck geholt werden, damit die einzelnen Teile an den richtigen Stellen angebaut werden können.
Wenn die Yacht nicht mit einem Rollvorsegel ausgerüstet ist, bei dem die Schoten immer am Segel bleiben, sind zunächst die Genuaschoten einzuscheren. Der sicherste Weg ist, an der Winsch im Cockpit zu beginnen und die Schot zunächst durch den Umlenkblock zu ziehen, der sie auf die Winsch umlenkt. Dann wird sie durch den verschiebbaren Rutscher geführt und schließlich außen um alles herum bis aufs Vorschiff. Haben Sie auch die zweite Schot auf der anderen Seite eingezogen, werden die Enden vor dem Mast verknotet.
Die Genuaschoten bestehen manchmal nur aus einem Stück Tauwerk, das in der Mitte ein Auge und einen Schäkel hat. Mit diesem Schäkel wird später die Schot mit dem Segel verbunden, so daß die beiden Enden anders herum, also von vorne nach achtern geführt werden müssen.

Die Schot wird durch den Umlenkblock geführt,...

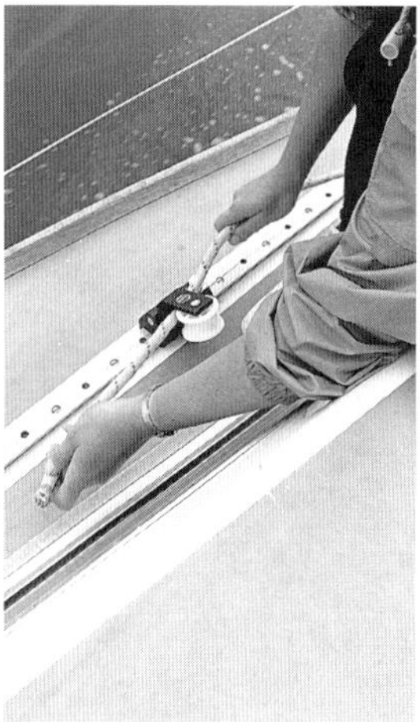

...durch den Block des Holepunktschlittens,...

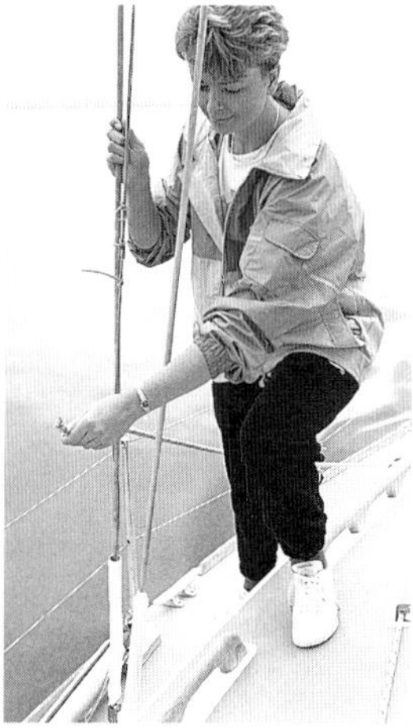

...außen an den Wanten vorbei...

...und am Vorstag befestigt.

Fragen Sie den Skipper, ob die Schoten »wie üblich« ausgelegt werden sollen. Sie können dann zum Beispiel eine Antwort wie »innerhalb des Oberwantes, aber außerhalb von allem anderen« erhalten. Es kann auch sein, daß das Schiff auf jeder Seite mehrere Schotschlitten für unterschiedlich große Segel hat, der Boß wird Ihnen sagen, welche an diesem Tag die richtigen sind.

Die Segel klar machen

Wenn die Segel nicht ständig angeschlagen sind, müssen sie zunächst vorbereitet werden.

Das Großsegel

Auf den meisten Fahrtenyachten ist das Großsegel ständig am Großbaum angeschlagen und wird im Hafen mit einer Persenning abgedeckt. Hier ein Tip, wie das Schutzkleid am besten abgenommen wird: Lassen Sie die Bändsel am Mast zunächst fest, und beginnen Sie am Ende des Großbaumes, das Persenning aufzurollen. So kann es nicht passieren, daß der Wind den vorderen Teil wegweht, wenn Sie gerade in der Mitte des Baumes angelangt sind (das gilt vor allem, wenn man vor Anker liegt und der Wind von vorne kommt). Dazu kommt, daß man an das achtere Ende des Baumes oft nur schlecht herankommt, weil es sich über der tiefen Cockpitwanne befindet. Würde man mit dem Aufrollen von vorne beginnen, erreicht man das Ende mit dem vollen Gewicht der Persenning. Dort, wo der Baum am Mast befestigt ist, läßt es sich ganz einfach sicherer arbeiten.
Auf manchen kleineren Booten und auf den meisten Rennyachten wird das Großsegel

nach jedem Segeln abgenommen. In diesen Fällen muß das Segel mit dem Unterliek zunächst in die Nut am Baum eingefädelt, anschließend über dem Baum zusammengefaltet und mit einigen Zeisingen gesichert werden, bis es dann gesetzt wird.

Die Persenning wird vom Baumende aus aufgerollt.

Der Verschluß am Mast wird geöffnet...

...und die Persenning abgenommen.

Das Vorsegel

Wenn das Schiff kein Rollvorsegel hat, ist das Segel in einem Sack verstaut, der entweder in einer Backskiste oder im Vorschiff untergebracht ist.

Vorsegel können auf zwei Arten am Vorstag angeschlagen werden: entweder mit Stagreitern, kleinen verschließbaren Haken, die in regelmäßigen Abständen am Vorliek, der Vorderkante des Segels, befestigt sind und die von unten nach oben am Vorstag befestigt werden. Oder es gibt ein sogenanntes Profilvorstag, das über dem Vorstag sitzt und eine oder zwei dünne Nuten hat. Die Segel haben dann am Vorliek keine Stagreiter, sondern ein angenähtes Band, das genau in die Nut paßt. Einige Fahrten- und fast alle Rennyachten benutzen ein Profilvorstag, da die Aerodynamik deutlich besser und die Segelleistung deshalb höher ist. Auf den meisten Fahrtenschiffen aber, die nicht mit einem Rollsegelsystem ausgerüstet sind, werden Stagreiter benutzt. Sie haben den nicht zu unterschätzenden Vorteil, daß sie sich, wenn sie einmal am Vorstag befestigt sind, nicht von allein lösen können, ganz gleich, ob das Segel gesetzt ist oder an Deck liegt. Bei einem Profilvorstag wird das Segel nur gehalten, wenn es gesetzt ist. Liegt es an Deck, kann es vom Wind leicht weggeweht werden. Um ganz offen zu sein: Ein Profilvorstag auf einer Fahrtenyacht ist ein permanentes Ärgernis.

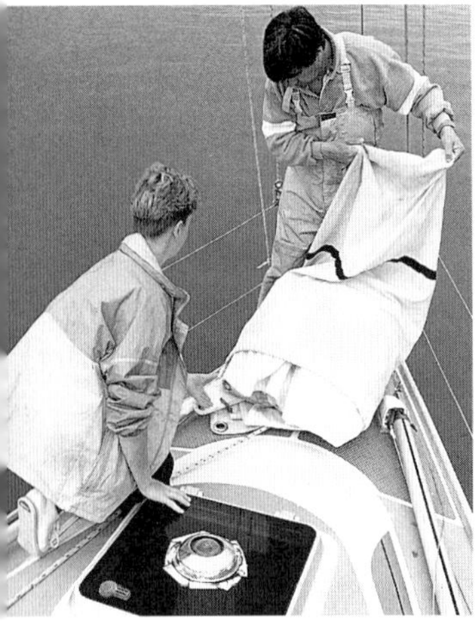

Das Vorsegel wird aufs Vorschiff gebracht und aus dem Sack geholt,...

...der Segelhals wird an den Bugbeschlag geschäkelt,...

...und die Stagreiter werden, am Hals beginnend, an das Vorstag gehängt.

Zum Thema Vorsegel ist noch zu sagen, daß Sie möglichst nie auf das Segeltuch treten sollten, wenn es an Deck liegt. Das Kunststoffmaterial ist sehr glatt und rutscht leicht, so daß die Gefahr besteht, daß sie hinfallen.

Vorbereitung ist alles

Bereiten Sie alle Segel zum Setzen vor, bevor Sie den Liegeplatz verlassen. Sie werden allerdings manchmal Yachten sehen, vor allem Rennyachten, die auf See hinausfahren, ohne daß ein Vorsegel an Deck liegt und deren Großbaum eventuell sogar noch mit der Persenning abgedeckt ist. Der Skipper einer Fahrtenyacht will vielleicht einige Zeit motoren. Die Regattasegler fahren normalerweise zum Start und warten bis kurz vorher, ehe sie sich für eines der vielen Segel an Bord entscheiden. Dann muß die Mannschaft das Segel klar machen, wenn das Schiff im Seegang stampft, und dabei wird sie meistens naß. Regattaseglern macht das nichts aus, es gehört ganz einfach dazu. Fahrtensegeln aber soll eine komfortable Sache sein, und es gehört einfach zu guter Seemannschaft, alle Segel klar zum Setzen zu haben. Man weiß schließlich nie, wann der Motor vielleicht seinen Geist aufgibt.

Unter Deck

Es ist klar, vor einem Törn werden eine Menge Dinge wie Taschen mit Kleidung, Verpflegung und Getränke an Bord gebracht, die zunächst irgendwo unter Deck auf den Sitzbänken, dem Kartentisch oder in der Pantry abgestellt werden. Bevor man den Hafen verläßt, muß all dies seefest verstaut werden. Oft wird diese Arbeit verschoben: »Das können wir später machen, wir fahren ja erst den Fluß hinunter«. Aber seien Sie gewarnt: Zu allen Zeiten sind Yachten in Schwierigkeiten geraten, weil sie nicht in jeder Hinsicht absolut seeklar waren. Ihr Schiff wird nicht gerade sinken, weil in der ersten Bö eine Kiste mit

Wenn alle Stagreiter am Vorstag hängen,...

...werden die Schoten mit Palsteks am Schothorn befestigt...

...und das Segel an die Reling gelascht.

Gemüse umgekippt ist, aber es ist erstaunlich, was das für eine Schweinerei anrichten kann. Denken Sie immer daran, grundsätzlich alle Bullaugen (Fenster) und Luken in den Decken und an den Seiten zu schließen und zu sichern. Es ist nicht gerade angenehm, auf einer durchnäßten Matratze schlafen oder die Bilgen ausräumen und lenzen (leeren) zu müssen.

Das Ablegen

Das ist normalerweise die Angelegenheit des Skippers, doch als Mitglied der Mannschaft wird man von Ihnen erwarten, beim Lösen der Festmacher zu helfen. Wenn die Yacht in einer engen Ecke liegt, muß das Boot häufig auch ein Stück von Hand weggeschoben oder abgedrückt werden. Da aber fast alle Fahrtenyachten mit einem Motor ausgerüstet sind, wird man in der Regel mit Maschinenkraft ablegen.

Beim Ablegen werden alle Festmacherleinen an Bord genommen.

Die Zeisinge, die das Großsegel zusammenhalten, werden abgenommen,...

...das Fall wird an das Kopfbrett geschäkelt,...

...und wenn die Rutscher in Ordnung sind,...

Wenn Sie Ihren festen Liegeplatz verlassen, werden die Festmacher meist zurückgelassen und bei der Rückkehr wieder aufgenommen. Ansonsten werden die Leinen immer an Bord geholt. Nehmen Sie das Tauwerk schnell an Deck, denn einerseits sieht es nicht besonders gut aus, wenn man durch den Hafen motort und die Festmacher im Wasser hängen, und andererseits gerät eine Leine im Wasser sehr schnell in den Propeller.

Selbst eine dünne Leine kann sich um die Schraube wickeln und die Maschine blockieren. Wenn das geschieht, kann man mit dem Schiff weder voraus noch rückwärts fahren und es bei Kollisionsgefahr nicht mehr abstoppen.

Nehmen Sie grundsätzlich unmittelbar nach dem Ablegen auch alle Fender an Deck. Über die Bordwände hängende Fender sehen nicht besonders schön aus und lassen erfahrene Segler an den Fähigkeiten eines Skippers zweifeln. Außerdem sind sie, festgemacht an der Reling, nicht sofort einsetzbar, wenn es beim Ablegen darum geht, den Rumpf an einer bestimmten Stelle zu schützen. Wenn Sie glauben, daß ein oder zwei Fender notwendig sein könnten, legen Sie sie griffbereit an Deck, so daß sie gegebenenfalls schnell an der richtigen Stelle über die Bordwand gehalten werden können.

Versuchen Sie niemals und unter keinen Umständen, das Schiff mit Ihrem Körper oder einem Teil davon vor einem Aufprall zu schützen. Selbst eine kleine Yacht oder auch ein Beiboot hat so viel schiebende Masse, daß ein menschlicher Knochen brechen kann wie ein Zahnstocher.

Segel setzen

Wenn das Schiff offenes Wasser erreicht hat, ist es endlich soweit, die Segel können gesetzt werden. Normalerweise wird zuerst das Großsegel gesetzt. Beachten Sie dabei immer die goldene Regel, alles zweimal zu überprüfen, das gilt vor allem für den Mast. Das Fall wird zuletzt angeschäkelt. Denn wenn das

...wird das Großsegel zügig gesetzt.

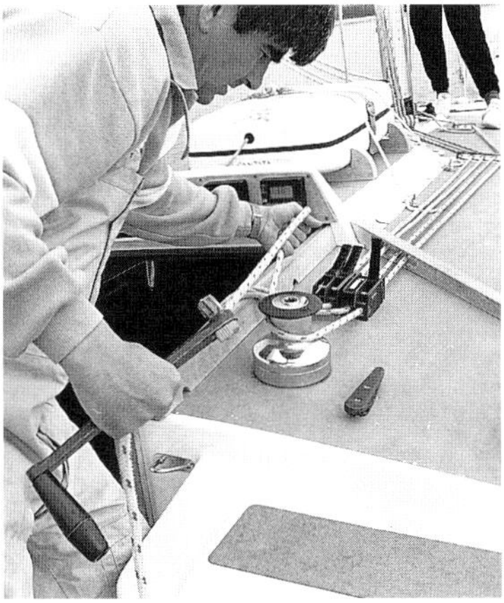

Dann wird das Fall mit der Winsch dichtgeholt...

...und mit dem Stopper abgeklemmt.

Schiff rollt und stampft und das unbelastete Fall zu früh befestigt wurde, kann es sich sehr schnell irgendwo am Mast verhaken oder gar aus der Umlenkrolle im Masttopp springen.

Das Großsegel setzen

Schäkeln Sie das Fall am Großsegel fest, und halten Sie es leicht auf Spannung, oder ziehen Sie es sofort hoch. Wenn das Vorliek nicht ständig mit Rutschern auf einer Schiene mit dem Mast verbunden ist, muß es vor dem Setzen in die Mastnut eingeführt werden. Die Dirk, die Leine, die den Baum nach oben hält, wenn das Großsegel nicht gesetzt ist, wird erst etwas gefiert, wenn das Segel den Baum hält. Die Großschot muß klar zum fieren sein, damit sich das Segel beim Setzen frei bewegen und ohne großen Widerstand hochgezogen werden kann. Der Wind darf beim Setzen nicht in das Segel drücken können, sonst verhakt es sich möglicherweise irgendwo am Rigg und kann einreißen.

Um das zu verhindern, wird das Schiff vor dem Hochziehen des Großsegels in den Wind gedreht. Man kann aber bereits auf Kurs gehen, bevor das Vorsegel gesetzt wird. Da beim Segelsetzen normalerweise die Maschine noch mitläuft, muß man darauf achten, daß keine Leine, wie zum Beispiel das lange Ende eines Falls, außenbords hängt.
Erst wenn das Segel mit dem Fall richtig durchgesetzt ist (die richtige Spannung hat) und das Fall sicher belegt ist, dürfen andere Trimmeinrichtungen wie die Großschot oder der Baumniederholer belastet werden.

Das Vorsegel setzen

Es ist meist einfacher und besser, die Genua zu setzen, wenn das Boot bereits segelt. Der Wind hält das Segel beim Hochziehen frei vom Mast, so daß es durch Hinundherschlagen nicht beschädigt werden kann. Und es kann keinen Menschen auf dem Vorschiff treffen, der von dem Segel mit angeschla-

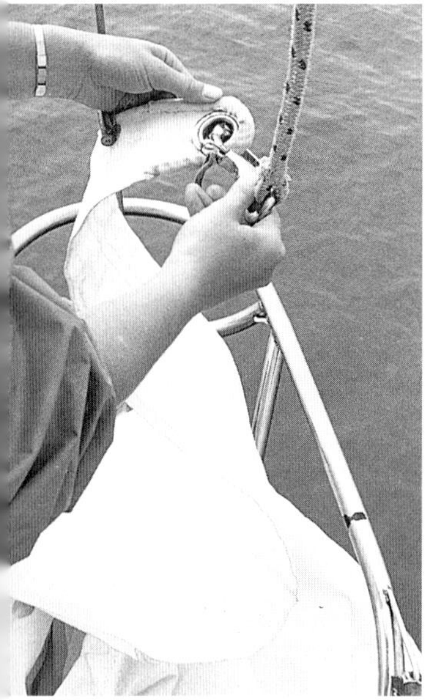

Das Genuafall wird am Kopf des Vorsegels befestigt...

und das Vorsegel vom Cockpit aus am Vorstag hochgezogen.

Sobald das Fall durchgesetzt ist, wird die Schot geholt, damit das Segel nicht killt.

genen Schoten schwer verletzt werden könnte.

Nachdem die Stagreiter von unten nach oben am Vorstag befestigt worden sind, wird das Fall angeschäkelt und das Segel sofort gesetzt. Wenn das Fall die richtige Spannung hat und belegt ist, wird die Schot dichtgeholt. Je weniger das Segel killt, desto besser. Ein schlagendes Segel hat eine geringere Lebensdauer, da die Nähte aufgehen und die Kunststoffasern brechen können. Trotzdem sieht man immer wieder Yachten, deren Segel auch längere Zeit gegen Mast und Wanten schlagen. Segel sind teuer, und wenn sich bei jedem Killen der Preis einer Flasche Bier an Bord erhöhen würde, würden viele Mannschaften sicherlich besser auf sie achten.

Der Spaß beginnt

Sobald die Segel gesetzt sind, kann der Motor abgestellt werden. Es ist immer wieder ein Gefühl der Freude, wenn der Stoppschalter gezogen und der Alarm abgeschaltet wird, der immer dann ertönt, wenn die Zündung eingeschaltet ist, die Maschine aber nicht läuft. Ruhe kehrt ein und zum ersten Mal ist dieses einmalige Geräusch des am Rumpf vorbeirauschenden Wassers zu hören. In neun von zehn Fällen wird jemand an Bord sagen: »So ist es viel besser.«

6 Segeln

Endlich segeln wir und sind unterwegs zu unserem ersten Ziel. Die Segel sind unser Fortbewegungsmittel und erfordern deshalb Aufmerksamkeit. Regattasegler würden jetzt pausenlos ihre Segel trimmen, wir aber sind Fahrtensegler, wollen die Natur genießen und uns auch noch mit anderen Dingen beschäftigen. Aber trotzdem, Spaß macht es nur, wenn darauf geachtet wird, daß die Segel gut ziehen.

Ein wenig Theorie

Die Landratte denkt, der Wind bläst in die bauchigen Segel und schiebt das Boot voran. Da liegt die Landratte falsch. Bis auf Kurse platt vor dem Wind weht der Wind über die Segel und zieht das Schiff voraus. Wer dieses nicht ganz offensichtliche Prinzip einmal verstanden hat, beginnt die Kunst des Segelns und des Segeltrimmens zu begreifen.

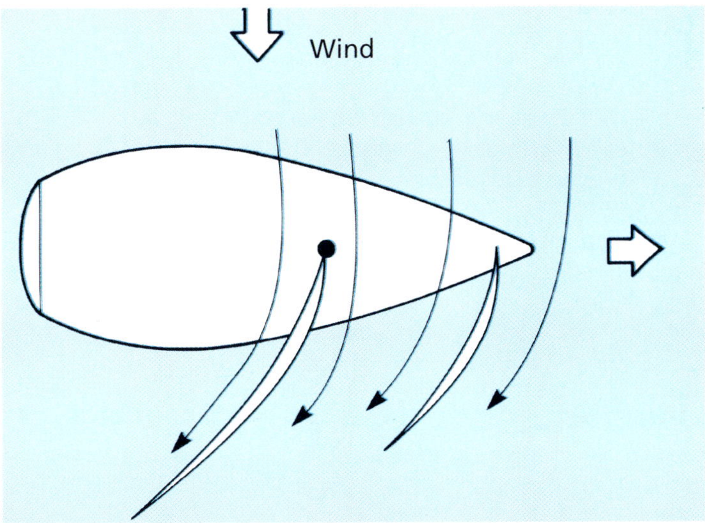

Geringer Luftdruck an der Vorderseite der Segel zieht eine Yacht durchs Wasser.

Wenn Sie nach oben in das Profil eines Segels schauen, können Sie sehen, wie der Wind seine Arbeit verrichtet. Wenn er auf das Vorliek (die Vorderkante) trifft, wird er abgelenkt und muß dem eingestellten Profil folgen. Der Wind, der auf der Außenseite um das Segel weht, muß bis zum Achterliek (der hinteren Kante) einen längeren Weg zurücklegen als auf der Innenseite. Er muß deshalb schneller werden. Dadurch wird ein Druckunterschied erzeugt, geringer Druck an der Außenseite, hoher Druck an der Innenseite. In dem Bestreben, diesen Druckunterschied auszugleichen, bewegt sich das Segel in Richtung des geringen Drucks und zieht so das Boot nach vorne. Ein gelernter Physiker wird dazu einiges mehr zu sagen haben, und seine Erklärung dürfte um einiges länger ausfallen. Aber auch wenn wir es bei der einfachen Erläuterung belassen, können wir lernen, wie die Segel am besten für einen Kurs hoch am Wind einzustellen sind. Hoch am Wind, auch Kreuzkurs genannt, heißt, wir segeln annähernd in die Richtung, aus der der Wind weht.

Um es einfach darzustellen: Je größer die Kurve im Segel ist, um so mehr lenken wir den Wind aus seiner ursprünglichen Richtung und desto schneller wird das Boot segeln. Ein Segel sollte immer so eingestellt werden, daß das Vorliek parallel zur Windrichtung steht. So wird der Wind optimal »eingefangen«, und je mehr wir ihn mit Hilfe des Segelprofiles aus seiner Richtung drängen, desto mehr Vortriebskraft wird erzeugt.

Das gestreifte Segel dieser Jolle zeigt, was passiert, wenn es zu weit gefiert wird.

Das Vorsegel hoch am Wind einstellen

Segeltuch ist weich, und deshalb ist es gut zu sehen, wann das Vorliek parallel zur Windrichtung eingestellt ist. Ist das Segel zu weit gefiert (zu lose), drückt der Wind gegen die Außenseite und beult es nach innen. In diesem Bereich flattert es etwas, es killt. Die Schot muß dann ein wenig geholt werden, bis diese Beule wieder verschwunden ist.

Ob das Vorsegel zu dicht geholt ist, ist schon schwieriger festzustellen, da der Wind ja von der richtigen Seite in das Tuch strömt. Das Se-

gel arbeitet nicht effektiv, man kann es aber nicht visuell erkennen. Der Trick ist, das Segel so weit zu fieren, bis man am Vorliek den Gegendruck erkennt, um es dann wieder einige Zentimeter dichtzuholen.
Sie werden eine lange Zeit segeln müssen, um eine bessere als diese einfache Regel für den richtigen Segeltrimm zu finden:
Fieren bis das Vorliek killt,
dann dichtholen bis es nicht mehr killt.

Die Fallspannung

Neben der Schot wird die Form des Vorsegels noch durch die Spannung des Falls beeinflußt. Ist die Spannung zu hoch, wird das Vorliek überdehnt, ist sie zu gering, bilden sich häßliche Falten und Beulen zwischen den Stagreitern. Die Leistungsfähigkeit eines Vorsegels wird in beiden Fällen herabgesetzt.

Nicht genug Fallspannung: So sieht ein zu loses Vorliek aus.

Es ist allerdings leicht zu erkennen, wenn die Fallspannung nicht stimmt. Ist sie zu groß, sieht man eine Falte im Vorliek parallel zum Vorstag. Ist die Spannung zu niedrig, erkennt man zunächst sternförmig von jedem Stagreiter ausgehende Falten und, wenn man noch mehr Lose gibt, hängt das Vorliek zwischen den Stagreitern durch.
Auf einem Schiff mit Profilvorstag, wird man bei einem zu losen Fall kleine waagerechte Falten erkennen, die am Vorliek beginnen.
Das Fall sollte so auf Spannung gesetzt werden, daß das Vorliek eine gerade, faltenlose Linie bildet. Die Fallspannung muß immer der Windgeschwindigkeit entsprechen, bei viel Wind wird mehr Spannung benötigt als bei wenig Wind.
Da der Winddruck im Segel bei einem Kurs hoch am Wind größer ist als auf allen anderen Kursen, muß die Spannung an der Kreuz am größten sein.

Die Holepunktposition

Die Stellung des Umlenkblockes für die Genuaschot beeinflußt ebenfalls die Form des Segels. Wird der Holepunkt nach hinten verschoben, erhöht sich die Spannung auf die Unterkante des Segels, das Unterliek, und verringert sich an der Hinterkante, dem Achterliek. Verschiebt man ihn nach vorne, wird das Gegenteil erreicht. Der Holepunkt ist optimal eingestellt, wenn die Spannungen auf Vor- und Unterliek gleich hoch sind.
Die Position des Holepunktes wird auch dazu benutzt, den Twist des Segels zu verändern.

Der Holepunkt des Vorsegels sitzt hier weit vorne, um den Twist des Segels gering zu halten.

Unter Twist versteht man die Verdrehung des Segelprofiles von unten nach oben. Der Holepunkt der Genuaschot muß so eingestellt werden, daß der Twist des Vorsegels zu dem des Großsegels paßt. Das heißt, die Kurve des Genuaachterlieks sollte so weit wie möglich zu der des Großsegelachterlieks parallel verlaufen.

Wird der Holepunkt nach achtern verschoben, wird ein größerer Twist erzeugt, das Segel weht also im oberen Bereich weiter aus als im unteren. Wird er nach vorne verschoben, wird der Twist geringer.

Die Segel zusammen trimmen

Da der vom Vorsegel abgelenkte Wind auch das Großsegel beeinflußt, wird normalerweise immer zuerst das Vorsegel und danach das Großsegel getrimmt. Dann sieht man sich wieder die Genua an, dann wieder das Großsegel und so weiter...

Der Wind bleibt nie über einen längeren Zeitraum konstant, er ändert ständig seine Richtung und seine Stärke. Jede Änderung aber bedeutet auch eine Veränderung des Segeltrimms. Ob man sich ständig mit dem Trim-

Das Achterliek der Genua dieser Rennyacht paßt perfekt zum Achterliek des Großsegels.

men der Segel beschäftigt, hängt vom Skipper und seiner Crew ab, zeigt aber auch, daß man ein guter Segler ist. Eine Yacht wird immer nur so gut segeln, wie man sie läßt.

Das Großsegel hoch am Wind einstellen

Im Grunde gelten die gleichen Regeln wie für das Trimmen des Vorsegels mit dem Unterschied, daß das Unterliek des Großsegels am Großbaum festgemacht und deshalb etwas schwieriger einzustellen ist.

Auch wenn es gilt, das Segel so weit zu fieren, bis das Vorliek killt, wird das Killen im Falle des Großsegels eher als ein deutlicher Gegenbauch parallel zum Mast längs des Vorlieks zu sehen sein.

Falls das Schiff einen Clubstander oder eine andere Art Windrichtungsanzeiger im Masttopp hat, ist das ein grober Indikator für die Einstellung des Großsegels. Steht das Kopfbrett am oberen Ende des Segels (am Kopf) parallel dazu, ist die Einstellung prinzipiell richtig.

Der Baumniederholer

Fiert man die Großschot, wird der Baum nicht nur seitwärts schwenken, sondern neigt dann auch zum Steigen. Der Druck des Windes im Segel ist dafür verantwortlich, und der Niederholer ist da, um das zu verhindern.

Wenn der Großbaum steigen kann, steht das Achterliek nicht unter Spannung, und das Segel verdreht sich völlig. Selbst wenn der Baum im richtigen Winkel steht, ist der obere Teil des Segels so stark getwistet, daß es nur noch killt. Um das wieder zu korrigieren, muß die Großschot viel zu dichtgeholt werden.

Der Baumniederholer besteht normalerweise aus einer Talje (es gibt auch einstellbare aus Metall, die Kicker genannt werden), die schräg vom Mast knapp über dem Deck zur Unterseite des Großbaumes läuft. Mit dem Niederholer wird der Baum am Steigen gehindert, aber nicht nur das.

Mit dem Niederholer wird die Spannung des Achterlieks reguliert. Je größer die Spannung, desto gerader ist das Achterliek.

Mit dem Baumniederholer wird der Großbaum nach unten gezogen. Dadurch verringert sich der Twist des Großsegels.

Wenn das Achterliek zu stramm geholt ist, bekommt das Großsegel einen tiefen Bauch und bringt keine Leistung mehr. Ist es zu lose, twistet das Segel zu viel und verliert ebenfalls Vortriebskraft.

Über den Daumen gilt die Regel, den Niederholer so einzustellen, daß die oberste Segellatte parallel zum Großbaum steht. Hat das Segel keine Latten, sollte das Achterliek ab einem Viertel der Gesamtlänge von oben eine gerade Linie bis hinab zum Baum bilden.

Fall- und Unterliekspannung

Die Fallspannung des Großsegels wird wie bei dem Vorsegel eingestellt. Die Unterliekspannung wird mit einer Leine oder einer Talje reguliert, die zwischen dem Schothorn des Segels und dem Ende des Baumes befestigt ist.

Beide Spannungen müssen so eingestellt werden, daß die Lieken glatt, aber nicht überstreckt sind.

Es gibt eine Ausnahme. Wenn man bei sehr leichtem Wind vor dem Wind segelt, sollen die Segel so voll wie möglich sein, also viel Bauch (oder ein tiefes Profil) haben. Dann werden das Fall und der Unterliekstrecker so weit gefiert, daß an beiden Lieken kleine Fältchen entstehen.

Segeln vor dem Wind

Wenn der Wind genau von achtern kommt, nimmt das Großsegel dem Vorsegel den Wind weg, so daß es nicht mehr richtig ziehen kann. Es gibt dann zwei Möglichkeiten: Man nimmt das Vorsegel weg und setzt einen Spinnaker (siehe Kapitel 10), oder man nimmt das Vorsegel auf die andere Seite, so daß es nicht mehr abgedeckt wird.

Das Vorsegel ausbaumen

Da das Vorsegel ein loses Unterliek hat, wird es ohne Hilfe nicht lange auf der anderen Seite voll stehen und ziehen, sondern immer wieder in sich zusammenfallen. Die Lösung ist, einen Ausbaumer zu benutzen und es auszubaumen.

Einfache Bäume haben an einem Ende einen Beschlag, der durch das Schothorn des Vorsegels paßt. Das ist die Ecke des Segels, an dem die Schoten befestigt sind. Für den Beschlag am anderen Ende gibt es ein entsprechendes Gegenstück am Mast. Dabei handelt es sich meist um einen Ring, in den der Beschlag des Baumes eingehängt wird. Gegebenenfalls muß der Holepunkt des Vorsegels verschoben werden.

Einen Kurs nach dem Kompaß steuern

Sie mögen glauben, daß nur der Skipper das Boot steuert, aber früher oder später kommt jeder einmal dran. Es ist an sich der einfachste Job an Bord, dennoch hat man das Gefühl großer Verantwortung. Man fühlt sich tatsächlich so, als habe man die Kontrolle über das ganze Schiff – und die sollte man auch haben. Wenn Sie zum ersten Mal steuern, versuchen Sie, mit kleinen Bewegungen nach Backbord und Steuerbord herauszufinden, wie das Schiff reagiert. Zeitweise wird dann der Segeltrimm nicht stimmen, und Sie werden drei Dinge sehr schnell lernen: wie die Yacht reagiert, wie die Segel schon auf kleinste Kursänderungen reagieren und wie die übrige Crew auf schlechtes Steuern reagiert.

Wenn Sie ein Gefühl für das Schiff bekommen haben, können Sie sich daran machen, einen Kurs zu steuern. Der Skipper wird einen Kurs berechnet haben, und der Steuermann, der vor Ihnen am Ruder war, sollte Ihnen bei der Übergabe diesen Kurs mitteilen. Es wird sich um einen Kompaßkurs handeln, bei dem die magnetischen Eigenheiten des Schiffskompasses, der irgendwo vor Ihnen fest eingebaut zu sehen ist, berücksichtigt wurden.

Der normale Schiffskompaß besteht aus einer flüssigkeitsgefüllten Glaskugel und einer drehbar gelagerten Rose, auf der die Gradeinteilung markiert ist. Wenn der Skipper einen Kurs von 330 Grad wünscht, müssen Sie das Boot so steuern, daß die 330-Grad-Markierung auf der Rose mit dem Steuerstrich in Deckung kommt und bleibt.

Soweit die Theorie. In der Praxis ist es nicht immer sofort klar, in welche Richtung das Schiff gedreht werden muß. Außerdem bewegt sich die Kompaßrose schon mit jeder Welle. Wie das Schiff gedreht werden muß, können Sie bei gleichzeitiger Beobachtung des Kompasses wieder mit leichten Ruderbewegungen nach Backbord und Steuerbord herausfinden. Stellen Sie fest, wohin die Rose dreht, wenn Sie die Pinne oder das Rad in eine bestimmte Richtung bewegen, und was Sie tun müssen, um wieder auf den richtigen Kurs zurückzukommen. Sie sollten sich eine Eselsbrücke bauen: Um die Kompaßrose nach rechts zu drehen, bewege ich das Ruder in diese Richtung, um sie nach links zu drehen, bewege ich das Ruder in jene Richtung. Vielleicht hilft es, sich daran zu erinnern, daß die Kompaßrose still steht und sich das Schiff um sie herum dreht. Wenn das Boot mit einem elektronischen Digitalkompaß ausgerüstet ist, müssen Sie etwas anders denken und das Ruder so bewegen, daß die Zahlen größer oder kleiner werden.

Das Schwingen eines Kompasses ist leicht in den Griff zu bekommen. Beobachten Sie ihn für einige Zeit. Sie werden feststellen, daß er zum Beispiel immer in einem Bereich von 10 Grad schwingt. Wenn zum Beispiel der Sollkurs 330 Grad beträgt, versuchen Sie, zwischen 325 und 335 Grad zu bleiben. Der Kurs der Yacht wird dem Durchschnitt entsprechen, also 330 Grad.

Manchmal wird es notwendig sein, nach den Segeln zu steuern, etwa hoch am Wind, damit die Segel richtig ziehen, oder vor dem Wind, um eine unbeabsichtigte Halse zu vermeiden. Das ist auch in Ordnung, aber sagen Sie dem Skipper, welchen Kurs Sie tatsächlich steuern. Er kann dann prüfen, ob dieser Kurs in Ordnung ist oder ob etwa Untiefen im Wege liegen.

Wenn Sie den vorgegebenen Kurs nicht halten können, sagen Sie es ebenfalls dem Skipper. Er muß es wissen, damit seine Kartenarbeit auf dem laufenden bleibt. Es ist keine Schande, wenn der Kurs nicht zu halten ist, aber es nicht weiterzugeben, kann zu einer Katastrophe führen.

Je größer das Boot ist, desto ausgetüftelter auch die Ausrüstung. Auf einer 10-Meter-Yacht wird man einen richtigen Spinnakerbaum benutzen, der an einem höhenverstellbaren Beschlag am Mast gefahren wird.

Den Spinnakerbaum verwenden

1 Während das Vorsegel noch auf derselben Seite wie das Großsegel gefahren wird, nimmt man den Spinnakerbaum aus seiner Halterung an Deck und befestigt den Niederholer an seiner Unterseite.

2 Der Luvschot des Vorsegels muß sehr viel Lose gegeben werden. Sie muß so durch das Ende des Spinnakerbaumes geführt werden, daß sie frei läuft.

3 Der Toppnant (die Leine, die den Baum am äußeren Ende nach oben hält) wird angeschäkelt. Der Baum wird aufs Vorschiff gelegt und das hintere Ende in den Beschlag am Mast geschoben.

4 Das andere Ende wird so lange angehoben, bis der Toppnant den Baum in dieser Stellung hält.

5 Der Baum steht jetzt waagerecht. Er wird hin und her schwingen und eventuell auch gegen das Vorstag oder das Profilstag schlagen. Er wird mit dem Niederholer kontrolliert, man sollte sich aber beeilen, damit nichts beschädigt werden kann.

6 Vom Cockpit aus wird die Lose der Luvschot durchgeholt, bis Druck zu spüren ist. Gleich-

Der Spinnakerbaum wird angeschlagen und in den Beschlag am Mast eingehakt,...

...mit dem Toppnanten wird er waagerecht gestellt und mit dem Niederholer kontrolliert,...

Einen Ausbaumer benutzen

1 Man steht vor dem Mast mit dem Ausbaumer in der einen und dem Genuaschothorn in der anderen Hand. Stecken Sie das äußere Ende des Baumes durch das Auge im Segel, und achten Sie darauf, daß Sie die spätere Innenseite des Segels erwischen.

2 Das Segel muß unter Kontrolle gehalten werden, damit das Ende des Baumes nicht herausrutscht. Dann wird der Baum hinausgedrückt, bis er mit dem inneren Ende in den Beschlag am Mast paßt.

3 Mit der Schot wird das Segel in die richtige Stellung gebracht. Eventuell muß der Holepunkt verändert werden.

zeitig muß die Leeschot gefiert werden. Mit der Luvschot wird das Segel dann auf die andere Seite gezogen, bis es sich mit Wind füllt. Je mehr der Wind zu diesem Zeitpunkt genau von achtern kommt, desto leichter läuft dieses Manöver. Der Baum muß eventuell auf der Schot nach vorne geschoben werden, so daß sein äußeres Ende und das Schothorn des Vorsegels dicht beieinander sind.

7 Das Vorsegel wird mit der Schot richtig eingestellt. Dann wird der Niederholer dichtgeholt. In Verbindung mit dem Toppnanten wird der Baum in seiner Position festgehalten und kann nicht ins Schwingen geraten.

...mit der Luvschot wird das Segel über das Vorschiff bis ans Ende des Spinnakerbaumes gezogen,...

...und die Schot wird geholt, bis das Vorsegel zieht. Dann wird der Baum mit dem Niederholer festgesetzt.

Einen Handpeilkompaß benutzen

Ein Handpeilkompaß dient dazu, Peilungen von Landmarken, Leuchtfeuern, Tonnen und anderen Fahrzeugen zu nehmen. Die Richtung einer Peilung wird auf ein Prisma gespiegelt, und man kann die Gradzahl ablesen, wenn man den Kompaß in Augeshöhe hält (die Entfernung zum Auge hängt von der Konstruktion ab). Das Prisma hat am oberen Rand eine Markierung, über die das Objekt angepeilt wird. Die entsprechende Gradzahl wird darunter abgelesen.
Vielleicht bittet man Sie um die Peilung eines bestimmten, auffälligen Gebäudes an Land, wenn der Navigator die Position des Schiffes bestimmen will. Oder der Skipper bittet Sie, laufend Peilungen vom Ziel des Schiffes zu nehmen, um zu sehen, ob das Boot von der Strömung seitlich versetzt wird. Wenn die Peilungen immer gleich lauten, bleibt das Schiff auf der vorgesehenen Kurslinie.
Peilt man laufend ein anderes Schiff an, kann man erkennen, ob man sich auf einem Kollisionskurs befindet. Verändern sich die Gradzahlen, gibt es keine Probleme. Wenn man aber immer den gleichen Wert abliest, muß etwas zur Vermeidung eines Zusammenstoßes unternommen werden.

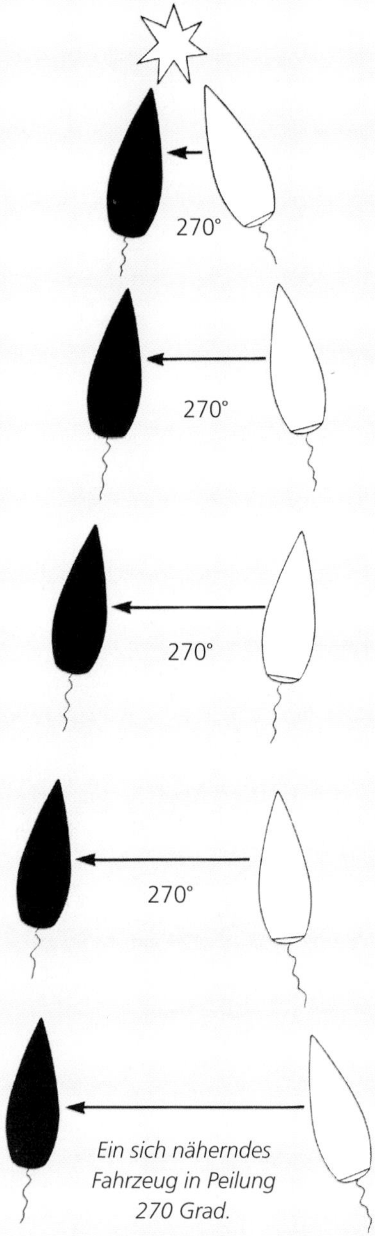

Ein sich näherndes Fahrzeug in Peilung 270 Grad.

Auf raumen Kursen müssen Groß- und Spinnakerbaum eine Linie bilden.

Das ausgebaumte Segel trimmen

Genau vor dem Wind wird das Großsegel so weit wie möglich gefiert und der Ausbaumer so weit wie möglich nach achtern gezogen. Ein ausgebaumtes Vorsegel kann auch auf einem raumen Kurs (wenn der Wind schräg von achtern kommt) sehr nützlich sein. Als Regel gilt, den Ausbaumer oder Spinnakerbaum mit dem Großbaum in eine Linie zu bringen. Man stellt deshalb zunächst das Großsegel richtig ein und richtet dann den Ausbaumer entsprechend danach aus. Wird das Großsegel dichter geholt, muß auch der Ausbaumer entsprechend nach vorne verändert werden.

Der Holepunkt

Je weiter der Ausbaumer nach achtern geholt wird, desto weiter muß auch der Holepunkt nach hinten verschoben werden. Steht der Baum quer zum Schiff, muß gegebenenfalls

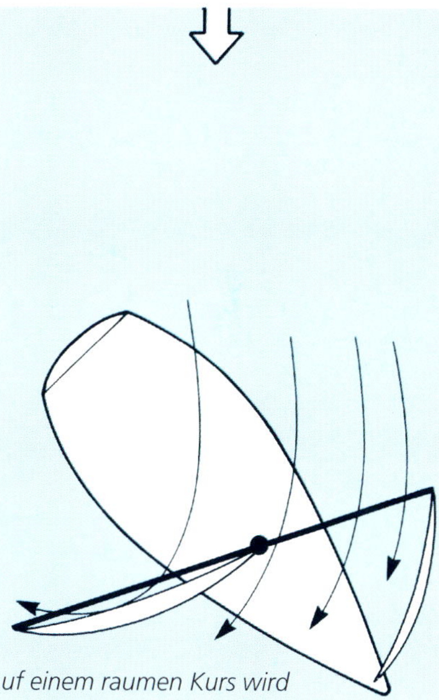

Auf einem raumen Kurs wird der Luftstrom durch die ausgebaumte Genua hinter dem Großsegel herumgelenkt.

eine zweite Schot befestigt werden, die durch einen Block am Heck geführt wird.
Je weiter der Ausbaumer mit seinem Ende nach vorne wandert, desto näher gerät die Schot an die Wanten. Es kann sogar passieren, daß der Druck der Schot das Oberwant belastet. Dann sollte man daran denken, eine zweite Schot anzubinden, die innerhalb der Wanten läuft. Meistens wird man dann allerdings feststellen, daß das Vorsegel wieder auf die andere Seite gehört, und den Ausbaumer entfernen.

Den Ausbaumer wegnehmen

1 Das Schiff wird zunächst auf einen Kurs vor dem Wind gebracht, damit der Segeldruck auf die Leeschot übertragen werden kann. Das geschieht, indem man die Leeschot dichtholt und gleichzeitig die Luvschot fiert. Versucht man dieses Manöver auf einem Raumschotskurs, wird der Baum gegen das Vorstag gedrückt. Holt man dann die Leeschot, muß man das Segel über das Vorstag ziehen, und dabei kann es beschädigt werden.

2 Steht das Vorsegel auf derselben Seite wie das Großsegel wieder voll, geht man erneut auf einen etwas raumeren Kurs, damit der Ausbaumer nicht gegen das Vorstag schlagen kann. Der Toppnant wird gefiert, bis das Ende des Baumes innerhalb des Bugkorbes an Deck liegt.

3 Die Luvschot der Genua und der Toppnant werden vom Baum gelöst. Dann wird das innere Ende des Baumes von seinem Beschlag am Mast entfernt. Der Baum wird wieder in seiner Halterung an Deck verstaut. Wenn der Niederholer angebaut bleibt, muß er dichtgeholt werden.

4 Es ist darauf zu achten, daß die Luvschot klar läuft und in jedem Falle über dem verstauten Baum liegt. Das Vorschiff muß jetzt jederzeit klar zur Wende sein.

Einen Bullenstander einsetzen

Wenn man genau vor dem Wind segelt (man nennt das auch platt vorm Laken segeln), besteht die größte Gefahr darin, daß das Großsegel Wind von der falschen Seite bekommt und es plötzlich und mit großer Wucht auf die andere Seite schlägt. Das nennt man eine Patenthalse. Die Gefahren, die von einem so massiven und schweren Teil wie einem Großbaum ausgehen, der unerwartet und mit großer Geschwindigkeit über das Deck hinwegfegt, müssen sicher nicht erst ausführlich beschrieben werden. Die Patenthalse ist sicherlich einer der häufigsten und gefährlichsten Unfälle, die an Bord einer Yacht vorkommen können.
Wer sicher gehen will, sollte einen Bullenstander anbringen. Es genügt, eine lange Leine irgendwo in der Nähe des Großbaumendes anzubringen und sie durch einen Block auf dem Vorschiff nach achtern zu führen. Im Detail hängt das jedoch von den zur Verfügung stehenden Beschlägen an Bord ab. Die Leine sollte in jedem Falle aber so lang sein, daß der Baum notfalls auch schnell auf die andere Seite schwingen kann.
Eine kleine Universaltalje (wie in Kapitel 3 beschrieben) mit Schnappschäkeln an beiden Enden und einer Klemme am unteren Block kann ebenfalls als Bullenstander eingesetzt werden. Sie kann schnell und einfach angebaut werden und ist kräftig genug, den Baum selbst dann an Ort und Stelle zu halten, wenn der Wind das Großsegel aus Versehen von der

falschen Seite füllen sollte. Die Talje kann rasch abgenommen und wieder angebaut werden, wenn gehalst werden muß.

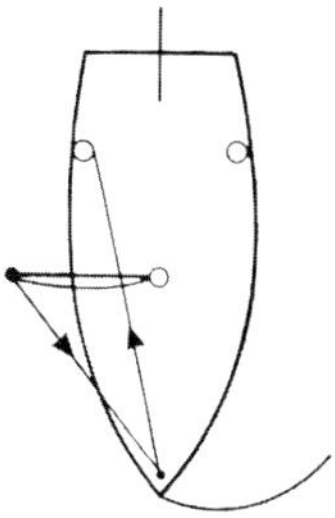

Mit Hilfe eines Bullenstanders wird der Großbaum vor dem Wind festgehalten, so daß er im Falle einer Patenthalse nicht über das Deck hinwegfegen kann. Eine Möglichkeit ist, eine Leine am Ende des Großbaumes zu befestigen und sie durch einen Block auf dem Vorschiff zu einer freien Winsch nach achtern zu führen.

Segeln bei Nacht

Ihr erster Törn wird wahrscheinlich eine kurze Reise von einem Hafen zu einem anderen sein. Die Sonne glitzert auf dem Wasser, die erfahrenen Crewmitglieder machen es sich an Deck bequem, und der Champagner wird im Kühlschrank auf Temperatur gehalten. Das ist es im Grunde, was den Reiz des Segelns ausmacht.

Manche Skipper haben andere Vorstellungen. Sie lieben lange Reisen, die natürlich auch das Segeln bei Nacht einschließen, wenn normale Menschen schlafen. Ein Skipper, der lange Törns plant, muß damit rechnen, nicht genug Leute zu finden, die dabei mitmachen. Er wird Ihnen möglicherweise Geschichten von weit entfernten Küsten erzählen und davon schwärmen, wie romantisch es auf hoher See sein kann. Ehe Sie sich versehen, haben Sie bereits zugesagt. Deshalb sollten Sie einiges über das Segeln bei Nacht wissen.

Nachtsegeln kann in der Tat romantisch sein. Die meisten Fahrtensegler sind einer Meinung, daß sie die schönsten Momente bei Nacht erlebt haben, wenn das Schiff gut und schnell segelt, die halbe Crew schläft und nur eine kleine Wache zusammen im Cockpit sitzt, die sich Geschichten von früher erzählt und auf das Auftauchen eines Leuchtfeuers am Horizont wartet.

Wachsysteme

Während eines Tagestörns sind normalerweise alle Crewmitglieder an Deck, bis auf die,

die unter Deck etwas zu essen vorbereiten. Wird Tag und Nacht gesegelt, braucht jeder an Bord so viel Schlaf wie möglich, auch der Skipper. Der einzige Weg, der dies gewährleistet, ist ein Wechselsystem, auch Wachsystem genannt.
Es gibt verschiedene Wachsysteme. Welches auf Ihrem ersten Nachttörn eingesetzt wird, hängt vom Skipper, der Größe der Crew und von den Windbedingungen ab. Eine normale Nachtwache an Deck dauert zwei bis drei Stunden, dann folgen vier bis sechs Stunden Schlaf und anschließend wieder zwei bis drei an Deck. Wenn die Crew klein ist und nur zwei Wachen möglich sind, muß die Ruhezeit halbiert werden. Die Wachzeiten werden verkürzt, wenn schlechtes Wetter herrscht. Auf längeren Reisen werden auch tagsüber Wachen gefahren, normalerweise sind die Wachperioden tagsüber länger als nachts.
Die Wacheinteilung wird üblicherweise vom Skipper vorgenommen. Manchmal wird sie nach der Hälfte der Reise geändert. Sie müssen sich dem System lediglich anpassen.
Manche, die an acht Stunden Schlaf in einem bequemen Bett gewöhnt sind, haben mit den kurzen Schlafperioden zunächst ihre Probleme, nicht mit dem Einschlafen, sondern eher mit dem Wachwerden vier Stunden später. Auf einer zivilisierten Yacht wird der Schock durch ein heißes Getränk und ausreichend viel Zeit bis zum Beginn der Wache (15 Minuten oder mehr) gemildert. Wenn Sie aufgestanden und fertig angezogen sind, erwidern Sie die Freundlichkeit und bereiten Ihrerseits Getränke für die Wache vor, die demnächst herunter kommen wird. Dann können Sie selbst an Deck gehen. Achten Sie darauf, Ihre Wache pünktlich anzutreten. Zuspätkommen ist eines der schlimmsten Vergehen an Bord und kann einen bislang angenehmen Törn schnell zu einer Tortur werden lassen.

An Deck

Sobald Sie den Niedergang hinter sich haben und im Cockpit sind, sollten Sie sich anleinen. Logisch, daß Sie den Sicherheitsgurt deshalb schon unter Deck anlegen müssen. Sie können das Ende der Sicherheitsleine auch an jemanden im Cockpit übergeben, der den Karabiner für Sie einhakt, dann sind Sie bereits gesichert, wenn Sie den Niedergang hinaufsteigen. Wenn Sie an Deck stolpern und dabei in Lee über die Seereling fallen, wird die Sicherungsleine Sie halten. Wenn Sie nicht angeleint sind, werden Sie im Dunkel der Nacht verschwinden.
Leinen Sie sich nachts grundsätzlich an. Geht tagsüber jemand über Bord, ist das schon schlimm genug, bei Dunkelheit aber kommt es einer Katastrophe gleich und muß deshalb unter allen Umständen verhindert werden. Wenn Sie auf das Vorschiff müssen, um beispielsweise etwas am Vorsegel zu tun, haken Sie den Karabiner in das Jackstay an Deck ein, bevor Sie das Cockpit verlassen. Ziehen Sie die Leine auf dem Weg nach vorne hinter sich

Starren Sie nicht ständig auf den beleuchteten Kompaß, Ihre Nachtsichtfähigkeit geht verloren.

her, und achten Sie darauf, daß sie nicht irgendwo hängenbleibt.
Wenn eine Wache nur aus zwei Personen besteht, werden auch Sie steuern müssen. Normalerweise werden Sie dann einen Kompaßkurs halten müssen. Der Kompaß ist beleuchtet, aber sehen Sie nicht ununterbrochen auf den Steuerstrich. Man vergißt sonst schnell alles um sich herum, und ständiges Starren auf den beleuchteten Kompaß beeinträchtigt Ihre Nachtsichtfähigkeit. Aus dem gleichen Grund sind andere Lichter an Deck zu vermeiden.
Halten Sie sorgfältig Ausguck. Es sollte zur Gewohnheit werden, den gesamten Horizont regelmäßig abzusuchen und auf nahe Lichter zu achten. Dazwischen kann man sich immer wieder für einige Zeit bequem hinsetzen und geistreiche Gespräche führen. In viel befahrenen Gewässern sollte man ständig Ausguck halten und dabei auch auf unbeleuchtete Teile achten, die möglicherweise im Wasser treiben, denn den großen Frachtern fällt öfters mal etwas von Deck. Sie werden wahrscheinlich nie etwas sehen, aber man sollte immer an die Möglichkeit denken.
Achten Sie stets darauf, daß Sie sich nicht auf einem Kollisionskurs mit einem anderen Schiff befinden. Alle Wasserfahrzeuge führen nachts Positionslichter, und wenn es richtig dunkel ist, werden Sie nichts anderes von ihnen sehen. Man sollte den Kurs eines anderen Schiffes allerdings nicht nur nach der Stellung der Positionslichter schätzen und es auch nicht nur gelegentlich beobachten. Benutzen Sie einen Handpeilkompaß (siehe S. 60) um festzustellen, ob es sich um einen Kollisionskurs handelt.
Wenn Sie glauben, daß die Gefahr eines Zusammenstoßes bestehen könnte, wecken Sie den Skipper. Überhaupt, immer wenn irgend etwas passiert, was Ihnen nicht geheuer vorkommt, wenn Sie zum Beispiel Lichter nicht identifizieren können, wenn vielleicht zu viel Segelfläche gesetzt ist oder wenn Sie plötzlich die Pinne lose in der Hand halten – wecken Sie den Skipper. Es wird ihm lieber sein, umsonst aufgeweckt zu werden, als wenn man ihn schlafen läßt, während das Boot in irgendwelche Schwierigkeiten gerät. Wenn er böse werden sollte, ist er kein guter Skipper.
Normalerweise wird der Skipper der Wache Anweisungen geben, bevor er unter Deck geht: den Kurs, der zu steuern ist, die Leuchtfeuer, die beobachtet werden sollen und andere Dinge. Vielleicht macht er das sogar schriftlich. Die Wache muß zum Beispiel auch das Logbuch weiterführen. Wenn der Skipper nichts darüber sagt, fragen Sie ihn. Aufzeichnungen über gesteuerte Kurse, zurückgelegte Distanzen und andere Beobachtungen sind wichtig für eine exakte Navigation. Denken Sie daran, denn wenn er nicht mehr weiß, wo sich das Boot befindet, Sie wissen es auch nicht.

Wieder unter Deck

Wenn Ihre Wache beendet ist, gehen Sie unter Deck. Verlängern Sie Ihre Wache nicht, nur weil es gerade an Deck besonders angenehm ist und Sie sich wohl fühlen. Es ist eine schlechte Angewohnheit, andere von schönen Stunden auszuschließen. Auch bei schlechtem Wetter sollten Sie die anderen nicht aus Mitgefühl noch ein bißchen schlafen lassen, denn die nächste Wache könnte auf die gleiche Idee kommen und dann würde das gesamte Wachsystem völlig aus den Fugen geraten.
Unter Deck wecken Sie die nächste Wache auf und bereiten heiße Getränke für sie vor.

Ein Leebrett (oder Leesegel) hält Sie auf See sicher in Ihrer Koje.

Dann warten Sie im Cockpit, bis die Wache an Deck kommt. Helfen Sie dabei, die Sicherungsleinen einzuhaken, halten Sie ein kurzes Schwätzchen, und teilen Sie den anderen mit, was sich während Ihrer Wache ereignet hat. Warten Sie, bis die neue Wache alles im Griff hat. Dann sollten Sie unter Deck gehen und dort bleiben.

Wenn schweres Wetter herrscht und Sie seekrank sein sollten, legen Sie sich so schnell wie möglich hin. Halten Sie sich nicht lange mit dem Ausziehen auf, rein in die nächste freie Koje. Wenn Sie mehr als eine Nacht auf See verbringen, wird es unter Deck vielleicht ein wenig unappetitlich werden. Hoffen Sie, daß die nächste Nacht ruhiger wird. Bei schwerem Wetter werden Sie vielleicht ein Leebrett oder Leesegel brauchen, etwas, das Sie daran hindert, aus der Koje geschleudert zu werden. Schalten Sie einfach Ihre Gedanken ab, schlafen Sie. Wenn Sie wieder aufwachen, wird der Morgen da sein, die Sonne wird scheinen und irgend jemand wird im Kühlschrank nach dem Champagner suchen.

7 Wenden und Halsen

Unter Maschine kann man bequem in jede beliebige Richtung fahren, indem man am Ruder dreht. Bewegt man sich dagegen unter Segeln fort, ist die Sache nicht so einfach. Wenn man den Kurs einer Yacht relativ zur Windrichtung ändert, müssen jedesmal die Segel neu eingestellt werden, damit sie möglichst effektiv arbeiten können. Und sollte jemand versuchen, direkt gegen den Wind fahren zu wollen, werden die Segel keinerlei Vortrieb erzeugen. Wenn die Richtung so stark geändert wird, daß der Wind von der anderen Seite kommt, müssen auch die Segel kontrolliert auf die andere Seite gebracht werden. Segelt man gegen den Wind, wird dieses Manöver Wende genannt, segelt man vor dem Wind, ist es eine Halse. Beide Manöver können recht kompliziert sein, das hängt von der Art der Yacht ab. Es sind aber für das Fortkommen einer Yacht wichtige Manöver.

Wenden

Wenn man hoch am Wind segelt, müssen die Segel profiliert sein, um Vortrieb erzeugen zu können. Da Segel aus flexiblem Tuch bestehen, können sie nur dann in die richtige Form

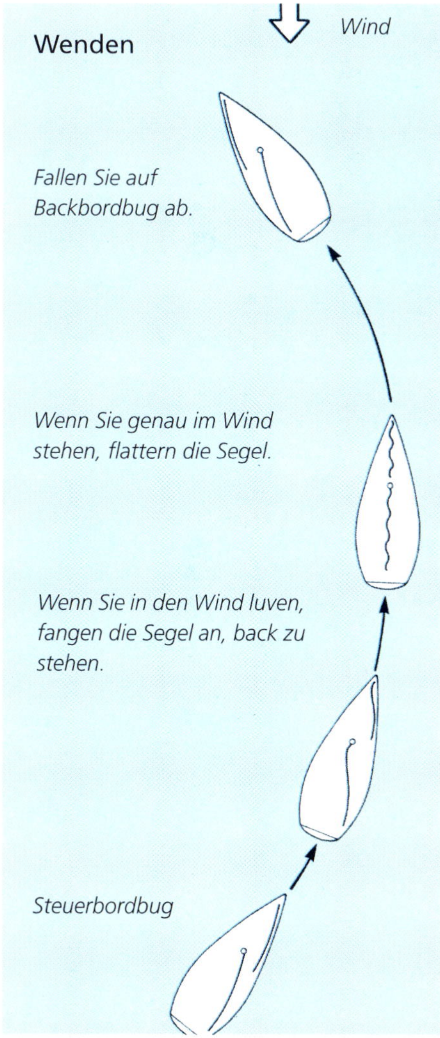

Wenn eine Yacht wendet, stehen die Segel erst back, dann flattern sie wie Fahnen im Wind, bevor sie sich auf der anderen Seite des Bootes wieder füllen.

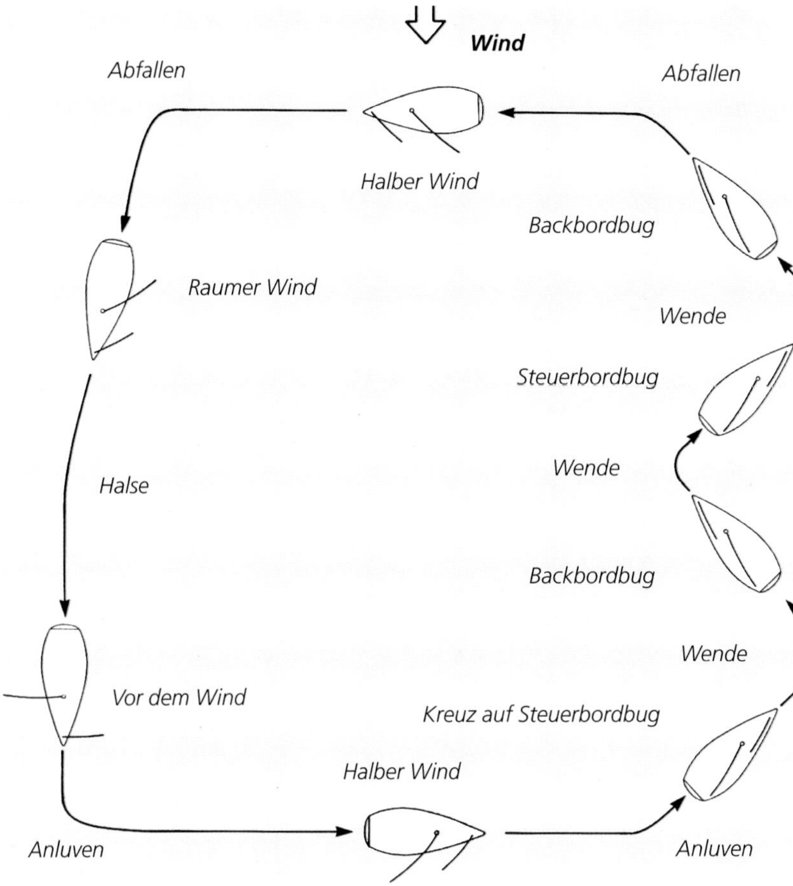

Ein Viereckskurs einer Segelyacht mit Kreuzen gegen und Halsen vor dem Wind.

gebracht werden, wenn der Wind seitlich einfällt. Kann der Wind von beiden Seiten in ein Segel wehen, flattert es wie eine Fahne.

In der Praxis bedeutet das, wenn der Winkel zwischen der Windrichtung und dem Segeltuch kleiner als etwa 40 Grad wird, beginnt das Vorliek genau so zu killen, als wenn man ein Segel zu weit gefiert hat. Killende Segel können ein Boot nicht mehr voranziehen, das Schiff verliert an Geschwindigkeit, wenn es in den Wind gedreht wird.

Wenn man aber in die Richtung segeln will, aus der der Wind weht, muß man mit dem kleinstmöglichen Winkel segeln, bei dem der Wind noch von nur einer Seite in die Segel einfällt. Dann dreht man das Schiff so, daß

Welche Seite ?

Wenn Sie ein Segelanfänger sind, machen Ihnen die Ausdrücke Backbord, Steuerbord, Luv und Lee zunächst sicherlich einige Schwierigkeiten.

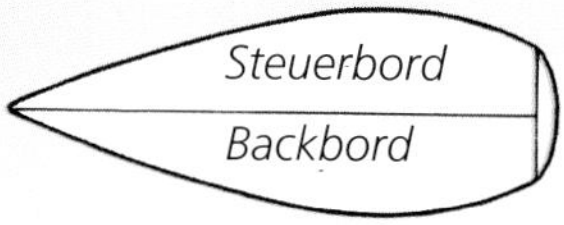

Backbord und Steuerbord

Im Grunde bedeutet Backbord links und Steuerbord rechts. Die Backbordseite eines Schiffes ist immer die linke Seite, wenn man vom Heck zum Bug blickt, die Steuerbordseite immer die rechte. Steht man anders herum, ist die Backbordseite rechts, die Steuerbordseite links. Backbord- und Steuerbordseite ändern sich niemals, genausowenig wie die Fahrerseite eines Autos.

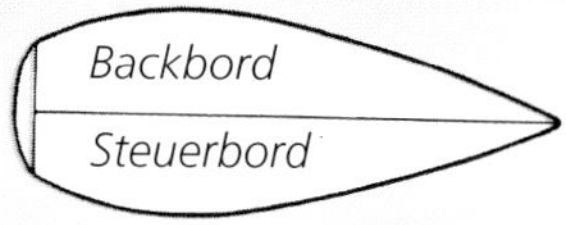

Luv und Lee

Luv ist immer die Seite, von der der Wind kommt und Lee immer die, in die der Wind weht. Wenn eine Segelyacht krängt, ist die Seite, nach der sie sich neigt, immer Lee. Lee ist also immer unten und meistens naß.

Segelt eine Yacht genau vor dem Wind, dann kommt der Wind genau über das Heck, und es gibt keine echte Luv- oder Leeseite. Trotzdem werden die Ausdrücke Luv und Lee weiterhin benutzt. Lee ist dann die Seite, auf der sich der Großbaum befindet.

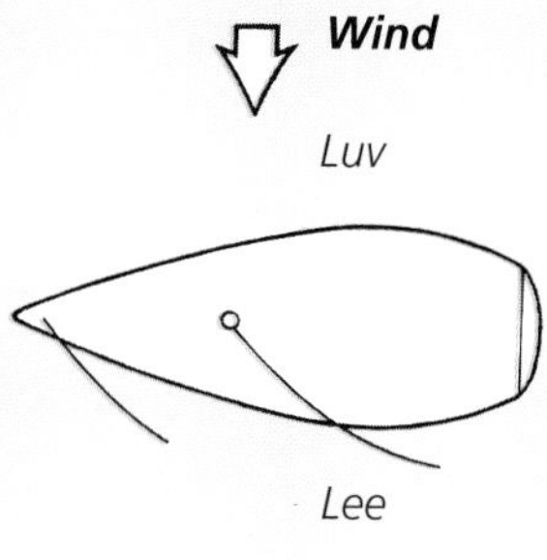

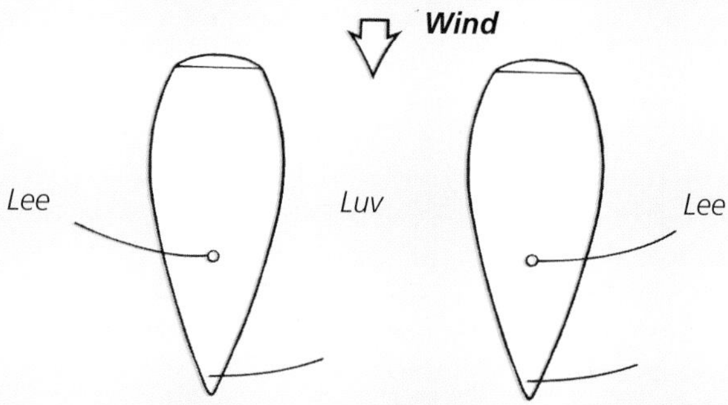

der Wind mit dem gleichen Winkel von der anderen Seite einfällt und so weiter. Dieser Zickzackkurs bringt eine Segelyacht allmählich ihrem Ziel näher.
Das Hin und Her heißt Kreuzen, aber das eigentliche Manöver des Drehens mit dem Bug durch den Wind nennt man Wenden. Segelt das Boot an der Kreuz und der Wind fällt von Backbord ein, legt sich das Schiff nach Steuerbord über, man segelt auf Steuerbordbug. Kommt der Wind von Steuerbord, krängt es nach Backbord, man segelt auf Backbordbug.

An Bord

Der Trick bei einer Wende ist, das Boot und den Wind die Arbeit machen zu lassen.
Wenn der Steuermann das Boot mit dem Bug durch den Wind dreht, wird die Vorsegelschot losgemacht. Während der Drehung wird die Lose der anderen Schot durchgeholt. Sobald der Wind von der anderen Seite einfällt, wird das Vorsegel normalerweise von ganz allein am Mast vorbei auf die neue Seite geweht. In diesem Moment, das heißt bevor der Wind richtig in das Segel faßt, muß die Schot möglichst schnell dichtgeholt werden.
Gutes timing ist wichtig. Es hilft, wenn man einen sensiblen Steuermann hat, der das Boot nicht einfach so schnell wie möglich durch den Wind dreht, sondern der es regelrecht durch eine Wende segelt. Ein guter Steuermann wird die Drehung in dem Moment verlangsamen, in dem das Vorsegel frei von den Wanten kommt und dichtgeholt werden kann.
Wenn das Segel Druck bekommt, bevor es ganz dichtgeholt werden konnte, kann der Steuermann seiner Crew die Arbeit erleichtern, indem er zunächst ein Stück segelt, um Fahrt aufzunehmen, dann aber wieder etwas höher an den Wind geht, um den größten Druck aus dem Segel zu nehmen, so daß es richtig dichtgeholt werden kann. Auf einer Rennyacht wäre ein solches Manöver undenkbar, aber es ist deutlich weniger ermüdend, als in Lee über einer Winsch zu knien und sich die Seele aus dem Leib zu kurbeln. Tatsächlich verliert man dabei auch nur wenig Luv.

Wenden Schritt für Schritt

1 Man bereitet eine Wende vor, indem man die Lose aus der Luvschot zieht und die Schot mit höchstens drei Törns auf die Winsch legt. Man muß darauf achten, daß die Leeschot nicht verdreht ist, so daß sie nach dem Loswerfen leicht auslaufen kann.
2 Die Leeschot wird aus der Klemme genommen, aber noch festgehalten, damit sie auf der Winsch nicht rutschen kann. Man kann sie halten, indem man sie mit der flachen Hand auf die Winschtrommel drückt.
3 Wenn das Ruder gelegt wird, hält man die Schot noch so lange fest, bis das Vorliek einzufallen beginnt. Dann werden die Törns schnell von der Winsch genommen. Man hält das Ende der Schot etwa einen halben Meter von der Winsch entfernt in einem kleinen Winkel nach oben fest, und sobald man den Zug verringert, beginnen die Törns auf der Trommel zu rutschen. Einige Drehbewegungen mit der Hand oberhalb der Winsch genügen, damit alle Törns wie von allein von der Trommel gleiten und die Schot schnell auslaufen kann. Diese Drehbewegungen müssen gegen den Uhrzeigersinn ausgeführt werden, da alle modernen Winschen sich grundsätzlich im Uhrzeigersinn drehen.
4 Man zieht die lose Schot auf der anderen Seite, die bereits mit einigen Törns auf der

Auf Backbordbug luven Sie an in den Wind,...

...bis die Segel killen, wenn das Boot genau im Wind steht,...

...und sich dann auf Steuerbordbug wieder füllen.

Winsch liegt, so schnell wie möglich von Hand dicht. Dabei muß auf Überläufer geachtet werden. Man legt einen oder zwei weitere Törns auf die Trommel, wenn die Last zu groß wird, um sie nur von Hand ziehen zu können. Dann wird die Kurbel aufgesetzt und mit der Arbeit begonnen.

5 Ist die Schot so weit dichtgeholt wie gewünscht, nimmt man die Kurbel ab und verstaut sie in ihrer Tasche. Dann wird die neue Luvwinsch für die nächste Wende vorbereitet. So ist man immer klar, und die lose Luvschot ist gesichert.

Falls eine Yacht mit Backstagen ausgerüstet ist, muß das leewärtige Backstag vorbereitet werden, indem man es so weit durchholt, bis es am Großsegel anliegt, ohne aber damit das Profil zu stören. Das Ende muß bereits mit einigen Törns auf der Winsch liegen. Wenn das Boot zu drehen beginnt, muß das Backstag mit der Winsch dichtgeholt werden. Man sollte damit fertig sein, wenn der Wind genau von vorne kommt. Möglichst gleichzeitig muß das bisher luvwärtige Backstag gefiert werden, damit das Großsegel auf dem neuen Bug die gewünschte Form annehmen kann. Will man längere Zeit auf einem Bug segeln, sollte man das Backstag so weit fieren, daß es nicht ständig am Tuch des Großsegels scheuert.

Beliebte Fehler

- Nicht die Schot festhalten, wenn man das Ende aus der Klemme oder von der Klampe löst. Durch die Last des Segels beginnt die Schot sofort auf der Trommel zu rutschen. Wenn sich die Törns zusammenziehen, wird die Schot vielleicht wieder blockiert, man hat aber in jedem Falle einige Zentimeter gehen lassen, und das Segel ist nicht mehr richtig eingestellt, kann also auch nicht mehr richtig ziehen. Wenn man nicht sehr aufpaßt, kann es sogar gefährlich werden. Läßt man die Schot ganz los, fängt das Vorsegel sofort an zu killen. Das lose Ende der Schot kann schlagen und erstaunlich hart sein, wenn es dabei die Hände oder gar den Kopf trifft.

- Die alte Schot ausrauschen lassen, obwohl noch Wind im Segel ist. Nochmals, das ist eine gefährliche Situation. Auch wenn niemand dabei verletzt wird, verliert das Boot sofort Vortriebskraft, wenn es sie am meisten braucht, um nämlich in den Wind zu drehen. Eine schlecht erwischte Welle kann ausreichen, um das Schiff zum Stillstand zu bringen.
- Die alte Schot zu spät loslassen. Das Segel steht dann back (mit dem Wind von der falschen Seite) und stoppt das Boot sofort. Die Drehung des Bootes wird beschleunigt, so daß es schwer wird, die neue Schot dichtzukurbeln. Man riskiert Schäden am Segel, da es erst gegen das Rigg gepreßt und dann mit Gewalt auf die andere Seite gedrückt wird.
- Die alte Schot kann nicht ausrauschen. Tauwerk tendiert an Stellen zu Kinken (kleinen Schlaufen), an denen es auf einer Winsch gelegen hat. Ist die Schot nicht klariert worden, kann sich ein Kinken vor dem Umlenkblock bilden und so die Schot und das Vorsegel blockieren.
- Die neue Schot zu früh dichtholen. Das Segel wird zu schnell gezogen, so daß der Wind eventuell von der falschen Seite hineinwehen und die Yacht nicht mehr wenden kann. Selbst wenn sich das Boot bereits durch den Wind gedreht hat, wird das Achterliek über die Wanten und die Salinge gezogen. An diesen Stellen nutzt Segeltuch schnell ab und kann sogar reißen.
- Die Schot zu langsam oder zu spät dichtholen. Man halst sich eine Menge harter Arbeit auf, da das Vorsegel gegen den vollen Winddruck dichtgekurbelt werden muß.

Beliebte Fehler mit den Backstagen

- Das neue Backstag zu schnell zu dichtholen. Damit wird das Profil des Großsegels gestört, und das Backstag scheuert außen am Segeltuch.
- Das neue Backstag nicht schnell genug dichtholen. Backstagen halten den Mast nach hinten, und wenn sie zu spät dichtgenommen werden, kippt der Mast im Topp

Bereiten Sie das Fieren der Genuaschot vor,...

...fieren Sie die Schot schnell, nehmen Sie die Törns von der Winsch, wenn das Segel killt,...

...und ziehen Sie die Lose der neuen Schot über die Winsch ab.

nach vorne. Das bedeutet harte Arbeit mit der Winsch. Werden die Backstagen nur mit Taljen bedient, ist es vielleicht sogar unmöglich, den Mast wieder in die gewünschte Stellung zu bekommen.

- Das alte Backstag nicht schnell genug loswerfen. Das neue Backstag kann nicht richtig dichtgeholt werden, da es gegen das alte ziehen muß. Füllt sich das Großsegel wieder mit Wind, drückt es gegen das alte Backstag und ruiniert den Segeltrimm völlig.
- Das alte Backstag auf der Winsch lassen. Das kann sehr gefährlich werden, da dann das Großsegel nicht mehr weit genug gefiert werden kann, wenn man schnell den Kurs ändern muß. Nur wenn man bald wieder wenden will, sollte das Ende des Backstages auf die Winsch gelegt werden. Segelt man aber längere Zeit auf demselben Bug, zieht man das Backstag am besten bis

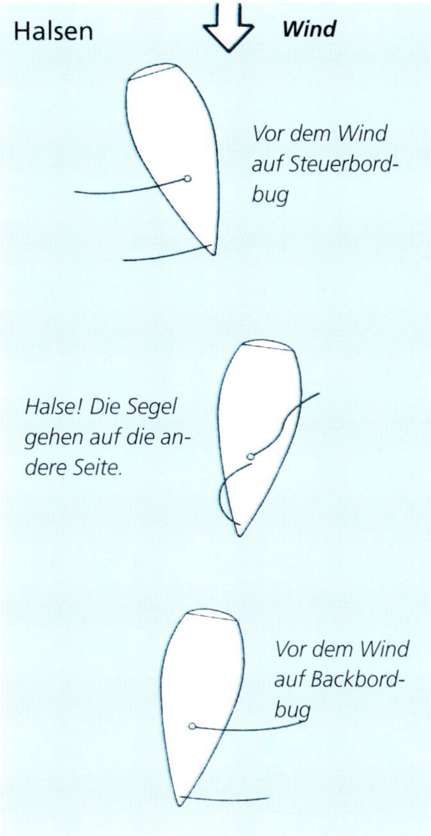

Bei einer Halse werden die Segel allein durch den Winddruck von achtern auf die andere Seite gedrückt.

Wenn Großbaum und Großsegel auf die andere Seite übergehen,...

...ziehen Sie so lange an der Schot, bis es nicht mehr weiter geht,...

...dann legen Sie noch mehr Törns auf die Winsch und kurbeln dicht.

Vor der Halse ist das Großsegel weit nach Backbord gefiert.

Holen Sie das Großsegel mit dem Ende der Talje mittschiffs,...

...und fieren Sie es wieder weit auf, wenn der Wind es von der anderen Seite füllt.

nach vorne zu den Wanten und macht es dort fest. So kann es nicht am Segeltuch scheuern. Das ist vor allem auf großen Yachten wichtig, wenn die Backstagen mit schweren Blöcken gefahren werden, die sonst gefährlich hin und her schwingen können.

Halsen

Halsen ist ähnlich wie Wenden, nur daß die Yacht mit dem Heck durch den Wind dreht und nicht mit dem Bug. Der Wind hält dabei das weit gefierte Großsegel auf der »alten« Seite, fährt dann plötzlich von hinten hinein und drückt es sehr schnell, manchmal auch mit Gewalt, auf die neue Seite. Das kann

Um die ausgebaumte Genua zu halsen, muß der Spinnakerbaum zuerst am Mast hochgesetzt,...

...das andere Ende gefiert und die alte Schot ausgeklinkt werden.

Der Baum wird unter dem Vorstag hindurch auf die andere Seite gebracht und die neue Schot ans Ende eingeklinkt,...

durchaus eine unschöne Erfahrung sein, weshalb viele Segler großen Respekt vor einer Halse haben.

Das Geheimnis ist wie so oft die richtige Vorbereitung, damit das Manöver kontrolliert und sicher abläuft. Der Steuermann darf nur kleine Ruderbewegungen machen, so daß der Wind zuerst von einer Ecke des Spiegels (dem Heck der Yacht) kommt und dann von der anderen, während das Großsegel mit seiner Schot auf die andere Seite genommen wird.

Die Schot des Großsegels muß immer richtig dichtgeholt werden. Es ist eine Unsitte, einfach die Talje mit der Hand zu greifen und das Segel damit überzuholen, außer vielleicht bei sehr leichtem Wind. Geht irgend etwas dabei schief, reißt die Schot einem fast den Arm aus. Von einem kontrollierten Ablauf kann keine Rede sein, wenn der Wind das Segel plötzlich auf die andere Seite schlägt.

Das Großsegel halsen

1 Wenn der Fußblock der Großschot auf einem Traveller (Querschiene) sitzt, muß der Rutscher in der Mitte fixiert werden.

2 Die Großschot muß mit dem Schotende dichtgeholt werden. Auf keinen Fall darf man die Talje in der Mitte fassen und auf die andere Seite drücken.

3 Wenn der Großbaum in den Bereich der Mittschiffslinie kommt, geht der Steuermann zunächst auf einen Kurs genau vor dem Wind und dreht anschließend das Boot nur ein wenig weiter. Man kann nachhelfen, den Baum auf die andere Seite zu drücken, so daß der Wind von der neuen Seite in das Segel einfällt. Erst danach wird die Großschot kontrolliert wieder gefiert. Da die Schot zuvor fast ganz dicht geholt worden war, arbeitet die Reibung des Tauwerks in den Blöcken wie eine Bremse. Es ist dann kein Problem, die Geschwindigkeit des Fierens mit der Hand zu beeinflussen. Wird die Schot festgehalten, so daß der Großbaum mittschiffs bleibt, wird der Wind das Boot auf die Seite und in den Wind drücken und die Ruderbewegung dabei noch verstärken. Die Drehung des Schiffes um fast 180 Grad kann bei etwas mehr Wind sehr abrupt sein.

4 Der Steuermann muß die Drehung des Bootes mit dem Ruder kontrollieren, sobald der

...das Segel wird mit der neuen Schot auf die andere Seite gezogen,...

...der Baum wird am Mast wieder tiefer gezogen, bis er waagerecht steht,...

...und mit der Schot wird das Segel getrimmt, bis es richtig steht.

Baum auf die andere Seite übergeht. Er muß praktisch den Druck des Großsegels durch eine Gegenbewegung ausgleichen und wieder auf einen Kurs vor dem Wind gehen.

Das Vorsegel halsen

Man halst zuerst das Groß- und dann das Vorsegel. Hat man das Vorsegel an einem einfachen Ausbaumer gefahren, wird dieser vor der Halse entfernt und danach wieder angebaut.

Benutzt man einen Spinnakerbaum, ist das Manöver etwas komplizierter, weil man den schweren Baum nicht mehr bewegen will als unbedingt nötig. Am einfachsten ist es, wenn man das innere Ende des Baumes in seinem Beschlag am Mast beläßt, die Schot aus dem anderen Ende entfernt, der Baum unter dem Vorstag hindurch auf die andere Seite schwingt und man dann die andere Schot einlegt. Damit der Baum unter dem Vorstag durchschwingen kann, muß das äußere Ende abgesenkt und gegebenenfalls das Ende am Mast ein Stück hochgezogen werden. Das ganze Manöver nennt man Durchschwingen.

1 Der Spinnakerbaum wird mit dem Rutscher am Mast ein Stück hochgezogen (viele haben eine Markierung angebracht) oder in die höchstmögliche Position gebracht, wenn es keine Schiene gibt.

2 Die Schot muß so weit gefiert werden, daß der Spinnakerbaum bis ans Vorstag schwingen kann. Dabei wird er mit dem Niederholer kontrolliert. Das äußere Ende wird über den Toppnanten etwas gefiert, gleichzeitig wird der Beschlag am Ende mit Hilfe einer Reißleine geöffnet, so daß die Schot aus dem Beschlag rutschen kann.

3 Jetzt wird der Baum unter dem Vorstag hindurch auf die andere Seite geschwungen. Die neue Schot wird so in den Beschlag gelegt, daß sie in einer Linie vom Segel bis zum Baum und dann weiter nach achtern verläuft. Sie darf nicht um den Baumbeschlag verdreht sein.

4 Dann wird das äußere Ende des Baumes mit dem Toppnanten wieder angehoben und das innere am Mast wieder nach unten gesetzt. Die Schot wird richtig eingestellt und zuletzt der Baum mit dem Niederholer fixiert.

Halsen mit Backstagen

Wenn der Großbaum kurz vor der Halse fast mittschiffs steht, wird das neue Backstag dichtgeholt. Unmittelbar vor der Halse wird das alte Backstag von der Winsch genommen und gleichzeitig mit dem Großsegel gefiert.

Es ist sehr wichtig, daß das alte Backstag unmittelbar nach der Halse so schnell wie möglich losgeworfen wird. Sonst drückt der Baum dagegen und kann trotz loser Großschot nicht weiter. Bei viel Wind kann dabei der Baum brechen, in jedem Falle aber wird das Schiff unter dem Druck des Großsegels stark krängen und abrupt in den Wind drehen. Der Druck verringert sich erst, wenn das alte Backstag gefiert wird.

Es ist ein häufiger Fehler, das alte Backstag nicht oder nicht schnell genug zu fieren. Da die Backstagen dazu dienen, den Mast nach hinten zu halten, ist die Angst groß, durch einen Fehler eventuell den Mast zu verlieren. Das ist zwar richtig, aber wenn das Großsegel vor der Halse schön dichtgeholt worden ist, halten Segel, Baum und Großschot den Mast ebenfalls nach hinten (das ist ein weiterer Grund dafür, die Schot in einer Halse immer ordentlich dichtzuholen). Wenn das neue Backstag geholt und gesichert ist, kann dem Mast nichts passieren, auch wenn es noch nicht auf die erforderliche Spannung gebracht worden ist.

8 Die Segel bergen

Nähert sich das Schiff seinem Ziel, wird der Skipper die Segel rechtzeitig bergen lassen und unter Maschine weiterfahren wollen. Zuerst wird normalerweise das Vorsegel weggenommen. Wichtig ist, daß das Segel kontrolliert geborgen wird, damit das Tuch oder die Schoten nicht ins Wasser geraten. Es muß dann entweder seitlich an der Seereling festgebunden werden, damit das Vordeck frei bleibt, oder aber man nimmt es ganz weg.

Das Vorsegel bergen

Die Schot wird gefiert, aber nicht völlig losgelassen, damit das Segel nicht schlagen und vielleicht jemanden im Gesicht treffen kann. Die Schot wird nur so weit gefiert, daß der Druck vom Vorstag genommen wird und das Segel fast von allein an Deck fällt, sobald das Genuafall gefiert wird. Das ist vor allem dann wichtig, wenn eine Person allein das Vorsegel bergen muß.

Sobald jemand auf dem Vorschiff ist, um das Vorsegel einzusammeln, wird das Fall kontrolliert gefiert. Muß man das Fall lösen und auch das Segel herunternehmen, sollte man zusehen, daß das Fall frei ausrauschen kann und daß das Ende mit einem Stopperknoten gesichert ist. Das Fall wird vorbereitet, indem man es in großen Schlaufen mit dem Ende nach unten an Deck legt oder indem man es in langen parallelen Schlaufen an Deck auslegt (siehe Kapitel 11). Dann wird das Fall gelöst, und man läuft aufs Vorschiff, um das Segel einzuholen, damit es nicht über Bord fallen kann.

Das Vorsegel wird am Vorstag heruntergezogen und das Fall gelöst. Man fixiert es mit dem Schäkel entweder am Bugkorb oder am oberen Relingsdraht (es wird dann bis zur ersten Stütze rutschen, aber das macht nichts).

Wenn die Yacht mit einem Profilvorstag ausgerüstet ist, wird das Segel nur noch am Hals (der vorderen Ecke des Segels) und am Schothorn durch die Schot gesichert. Ist es mit Stagreitern am Vorstag befestigt, kann es nicht so leicht über Bord wehen, sollte aber trotzdem so schnell wie möglich zu einer Art Wurst zusammengerafft und mit Zeisingen (dünnen, kurzen Leinen) an der Seereling festgebändselt werden. Die Zeisinge werden um das Segel und um den obersten Draht gebunden, damit das Deck frei gehalten wird und man nicht auf das Tuch treten kann.

Will man nur einen kurzen Stopp einlegen, kann man das Vorsegel so festgemacht lassen und die Schot stramm durchholen. Wenn man über Nacht im Hafen bleiben möchte, wird das Segel entweder mit den Stagreiter am Vorstag belassen und der Rest in seinem Sack verstaut oder man nimmt es ganz weg. Wie ein Vorsegel, das am Vorstag festgemacht bleibt, im Sack verstaut wird, wird in Kapitel 9 beschrieben. Es ist eine ordentliche Methode für den Hafen, die den Vorteil hat, daß das Segel nicht beschädigt werden kann und daß es wenig Platz einnimmt.

Bereiten Sie sich vor, das Segel herunterzuziehen, sobald das Fall gefiert wird.

Bilden Sie lose Falten, wenn es herunterkommt,...

...und schäkeln Sie das Fall vom Auge des Segelkopfes los.

Das Vorsegel zusammenlegen

Ein Segel zusammenlegen und es dann in seinem Sack zu verstauen, ist eine Arbeit für zwei Personen. Die eine steht im Bugkorb, mit dem Gesicht nach achtern, die andere innerhalb der Wanten an Deck und blickt nach vorne.

Man sucht zunächst den Kopf des Segels, legt ihn an Deck und das Tuch lose darauf, indem man sich am Vorliek vorarbeitet. So ist sichergestellt, daß das Segel nicht verdreht ist. Dann nimmt die Person im Bugkorb das Auge des Segelhalses in die Hände, die andere die des Schothornes und beide ziehen das Unterliek stramm. Der gewölbte Teil des Unterlieks wird eingeschlagen, so daß eine gerade Kante entsteht. Anschließend greifen beide etwa eine Armlänge des Vor- beziehungsweise Achterlieks und legen das Tuch über das Unterliek. Die dabei entstehende Falte wird stramm gezogen und das gefaltete Tuch mit den Knien gehalten. Dann wird wieder eine Armlänge Tuch gefaltet, über das Unterliek gelegt und so weiter bis zum Kopf des Segels.

Beim Falten wird das Vorliek übereinander gelegt. Da jedes Segel dreieckig ist, wird das Achterliek immer weiter nach vorne wandern, und die Person, die sich mit dem Achterliek beschäftigt, rutscht allmählich auf den Knien immer mehr in Richtung Bugkorb.

Am Schluß liegt das gesamte Segel in Falten übereinander, das Vorliek zusammen mit den Augen des Halses und des Kopfes. Schließlich wird das Segel so gefaltet, daß das Schothorn auf den anderen beiden Ecken des Segels liegt. Der Rest wird so zusammengelegt, daß das Segel in seinen Sack paßt.

Schäkeln Sie das Fall an die Seereling, dort stört es nicht.

Nehmen Sie sich ein paar Zeisinge (die sind an der Reling festgemacht),...

...und sichern Sie das Segel damit an der Seereling.

Das Großsegel bergen

Auch bei wenig Wind muß das Boot in den Wind gedreht werden, wenn man das Großsegel bergen will. Tut man das nicht, muß das Segel über die Salinge und das Rigg nach unten gezerrt werden, wenn man es denn überhaupt bergen kann. Falls die Dirk des Großbaumes während des Segelns abgenommen worden ist, bringt man sie vor dem Bergen wieder an.

Baumniederholer und Schot müssen gefiert und die Dirk so weit dichtgeholt werden, daß sie den Großbaum waagerecht hält. Dann wird das Fall gelöst und das Segel an Deck gezogen. Die Großschot muß sofort wieder gegen die Dirk dichtgeholt werden, damit der Großbaum nicht hin und her schwingen kann, wenn das Segel aufgetucht wird.

Wenn der Mast eine Nut für das Vorliek des Segels hat, wird das Segel nach dem Bergen zunächst überall an Deck herumliegen. Ist es aber mit Rutschern auf einer Mastschiene befestigt, bleibt das Vorliek am Mast und schiebt sich über dem Lümmellager (der Verbindung zwischen Mast und Großbaum) zusammen.

Auch beim Großsegel wird zuerst das Fall abgenommen und irgendwo so festgemacht, daß es nicht stört.

Wenn alles schnell gehen muß, wird das Großsegel zunächst nur grob zusammengerafft und am Baum gesichert. Erst später im Hafen wird es dann richtig aufgetucht (manchen Skippern genügt grob zusammengerafft, das ist gut für eine faule Crew, aber schlecht für das Segel).

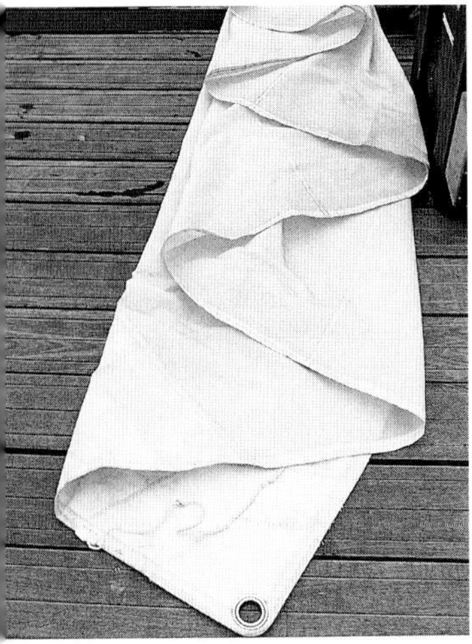

Um es richtig aufzutuchen, wird das Segel in gleich breiten Falten übereinander gelegt,...

...das eine Ende auf das andere gelegt und das Ganze so gefaltet,...

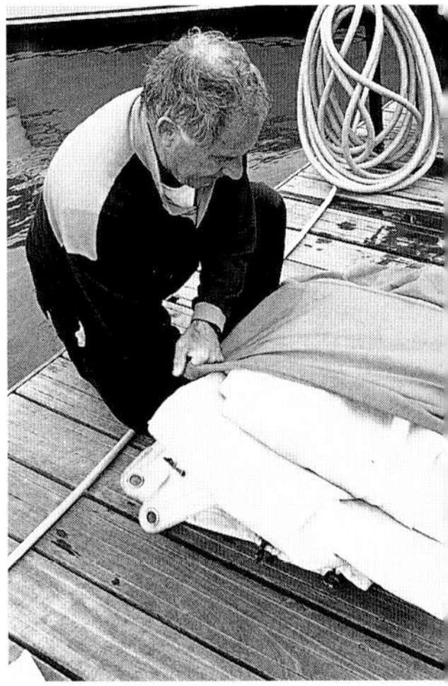

...daß das gesamte Paket in den Segelsack paßt.

Die schnelle Methode

Man bewaffnet sich mit einigen Zeisingen, zieht das Segel am Mast herunter und läßt es auf einer Seite des Großbaumes an Deck fallen. Sitzt das Vorliek auf Rutschern, zieht man das Tuch, am Ende des Großbaumes beginnend, am Achterliek nach hinten. Von der freien Seite des Baumes aus greift man sich das Achterliek bei etwa einem Drittel seiner Länge von unten, bildet damit eine Art Sack und füllt ihn mit dem Rest des Tuches.

Auf diese Weise entsteht eine Art Tasche parallel zum Großbaum, in der das übrige Segel liegt. Diese Tasche wird verkleinert, indem

Das Großsegel wird richtig aufgetucht, indem man es auf eine Seite des Baumes bringt,...

... am Mast gleich große Falten bildet,...

...und die Falten am Baumende glatt zieht.

man das Tuch ganz unten greift, hochzieht und den Rest hineinschüttelt und -drückt. Allmählich wird das Großsegel zu einer Rolle, die dann mit den Zeisingen entweder neben oder besser auf dem Baum festgebunden wird.
Man muß darauf achten, daß das Achterliek immer schön nach hinten gezogen wird, damit das Tuch gleichmäßig verteilt wird und damit die Segellatten parallel zum Großbaum liegen und nicht brechen können.
Ist das Vorliek nicht an Rutschern befestigt, darf man das Achterliek natürlich nicht nach hinten ziehen, weil sonst das gesamte Segel mitgezogen werden würde. Dann muß man an Vor- und Achterliek ziehen und so eine Tasche bilden, in die der Rest des Segels eingerollt wird. Wenn das Vorliek frei ist, ist diese Arbeit ein Kinderspiel.

Die ordentliche Methode

Die ordentliche Methode sieht nicht nur besser aus, sondern ist auch schonender für das Segeltuch als die schnelle Methode.
Dafür legt man das Segel in großen Falten so über den Baum, daß diese auf beiden Seiten gleich weit herunterhängen. Die Falten müssen groß genug sein, so daß das fertig aufgetuchte Segel nicht vom Großbaum rutschen kann, allerdings nicht so groß, daß die Persenning nicht mehr darüber paßt.
Je mehr Crewmitglieder sich am Auftuchen beteiligen, desto schneller und leichter geht die Arbeit vonstatten.
Zunächst wird das gesamte Tuch auf eine Seite des Baumes gebracht. Eine Person steht mit dem Vorliek am Mast, eine andere mit dem Achterliek am Ende des Großbaumes. Die übrigen verteilen sich an der freien Seite des Baumes, um das Tuch festzuhalten, da es unweigerlich dazu neigen wird, wieder abrutschen zu wollen.
Die beiden vorne und achtern greifen je etwa einen Meter Vor- und Achterliek, ziehen gegeneinander die kleinen Falten heraus und legen das Tuch so über den Baum, daß es auf jeder Seite etwa einen halben Meter lang herunterhängt. Logisch – je größer das Schiff, desto größer auch das Segel und desto größer müssen auch die Falten sein. Diese erste Falte ist die wichtigste, denn sie bildet die Grundlage für alle übrigen. Daher sollte man sie sorgfältig anlegen.
Das Segel wird jetzt in gleichmäßig großen Falten übereinandergelegt. Bei jeder neuen Falte müssen Vor- und Achterliek immer ge-

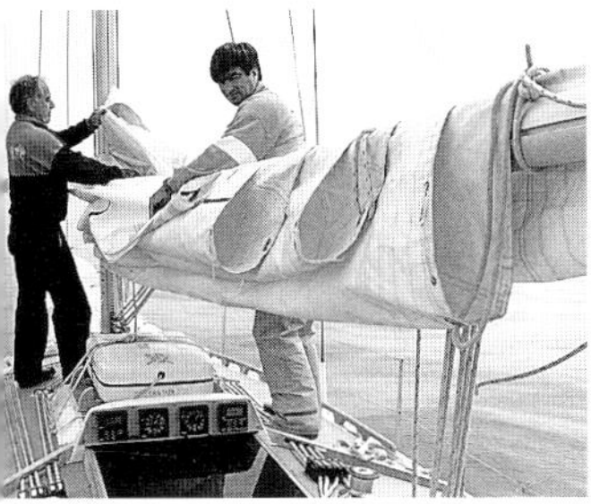

Die Falten wandern auf dem Baum immer weiter nach vorne.

Das Segel wird mit Zeisingen am Baum gesichert,...

...Schot und Fallen werden stramm gezogen. So sieht alles ordentlich aus.

Leinen aufschießen wie ein echter Seemann: Man legt die Buchten einfach über eine Winsch.

geneinander gezogen werden, damit das Tuch nirgendwo knicken kann. Auch beim Großsegel wird das Vorliek am Mast übereinander gelegt, so daß das Achterliek auf dem Baum immer weiter nach vorne wandert und dabei von der übrigen Crew festgehalten werden muß. Nach drei bis vier großen Falten wird eine Pause eingelegt und der hintere Teil des Segels mit Zeisingen am Baum gesichert. So wird verhindert, daß das gesamte Segel wieder vom Baum rutschen kann, wenn es gerade fertig aufgetucht ist.

Falls die Reffleinen im Segel bleiben sollen, zieht man die Lose heraus und hält so das Segel ebenfalls am Baum fest. Andernfalls hängt später eine Menge Tauwerk herum, und man weiß nicht so recht, wohin damit.

Das Segel wird so weit gefaltet, bis das Kopfbrett und so viel Tuch übrig sind, daß man es einmal um das ganze Gebilde wickeln kann. Das Kopfbrett wird unter dem Baum hindurch geholt und über das aufgetuchte Segel gelegt. Der letzte Zeising wird durch das Auge im Kopfbrett geführt und festgezogen.

Falls das Vorliek des Großsegels an Mastrutschern befestigt ist, wird das Segel entsprechend aufgetucht, die Arbeit ist dann aber etwas umständlicher.

Das Segel wird wieder so weit wie möglich auf eine Seite des Großbaumes gebracht. Wenn es geht, öffnet man den Verschluß der Mastschiene und nimmt die beiden untersten Rutscher heraus. Die übrigen Rutscher werden ein Stück auf der Schiene nach oben geschoben, so daß der Baum bis zum Mast frei wird.

Das Tuch wird so weit durchgezogen, daß der erste Rutscher die erste Falte bildet. Dann zieht man am Vorliek, bis der zweite Rutscher die nächste Falte auf der anderen Seite bildet. Während das Vorliek festgehalten wird, zieht man am Achterliek und sichert die ersten Falten hinten mit einem Zeisíng.

Jetzt werden zwischen den nächsten Rutschern weitere Falten gebildet, indem man das Vorliek immer abwechselnd nach rechts und links zieht. Gleichzeitig muß das Achterliek ebenfalls entsprechend gefaltet und auf den Baum gelegt werden.

Oft werden Fehler gemacht, weil man es zu eilig hat und nicht richtig zusammenarbeitet. Man sollte eine Falte immer gleichzeitig legen, sonst sieht das Resultat aus wie ein großer Haufen aus der Altkleidersammlung.

Das Boot aufräumen

Die Fallen werden stets vom Mast weggebunden, damit sie bei Wind nicht klappern können.

Das gesamte Tauwerk, Fallen, Schoten und andere Leinen müssen ordentlich aufgeschossen werden. Benutzt man dafür eine Winsch, geht es am einfachsten: Man stellt sich vor die Winsch, legt die Leine mit der rechten Hand herum und nimmt sie dann mit der linken auf. So entsteht eine große Schlaufe. Dann legt man das nächste Stück Tauwerk um die Winsch und so weiter, bis man das Ende der Leine erreicht hat. Auf diese Weise sind alle Buchten (so nennt man die einzelnen Schlaufen) gleich groß. Wird das Tauwerk nicht an einer bestimmten Stelle verstaut, kann man es auf der Winsch hängen lassen.

Die lange Großschot wird, beginnend an der letzten Klemme, in großen Buchten gleichmäßig aufgeschossen. Das letzte Ende wird durch das obere Ende der Buchten hindurchgeführt und am Großbaum befestigt. So hängt die gesamte Schot sauber in der Luft und liegt nicht als nasser Haufen im Cockpit, wenn es geregnet hat.

Der Schotschlitten des Großsegels wird an einem Ende des Travellers fixiert, damit Cockpit und Niedergang möglichst frei bleiben und niemand sich den Kopf stoßen kann, wenn er gedankenverloren an Deck steigt. Liegt das Boot im Hafen längs an einer Pier, zieht man den Baum auf die entgegengesetzte Seite.

9 Die Segel wechseln und reffen

Wenn der Wind stärker oder schwächer wird, könnte der Skipper auf die Idee kommen, die Segelfläche zu verkleinern oder zu vergrößern, damit das Schiff auch weiterhin gut und schnell segelt. Je nach Art der Yacht macht man das, indem die Segel gewechselt oder die Segelfläche verändert wird – einen Vorgang, den man als Reffen bezeichnet.

Vorsegel wechseln

Auf einer Segelyacht ist das Wechseln des Vorsegels wie das Einlegen eines anderen Ganges beim Auto. Es können zwei oder drei unterschiedlich große Vorsegel für verschiedene Windgeschwindigkeiten an Bord sein. Das größte davon wird bei leichtem Wind ge-

Wenn der Himmel dunkel und der Wind stärker wird, ist es Zeit, die Segelfläche zu verkleinern.

fahren, nimmt der Wind zu, muß auf ein kleineres gewechselt werden. Wenn der Wind dann wieder schwächer wird, wechselt man auf das größere Segel zurück.
Auf Rennyachten hat man eine sehr effektive Methode für den Vorsegelwechsel entwickelt: Das eine Segel wird gesetzt und erst dann wird das andere weggenommen. Das Boot verliert in dieser kurzen Zeit kaum mehr als ein oder zwei Zehntel Knoten Geschwindigkeit. Dafür braucht man aber eine gut trainierte Crew, ganz abgesehen von doppelter Ausrüstung und speziellen Beschlägen, die die meisten Fahrtenyachten gar nicht mitführen.
Während eines normalen Törns kommt es ja nicht so sehr auf Geschwindigkeit als viel mehr auf Sicherheit und Bequemlichkeit an. Meistens steht nur eine kleine Crew zur Verfügung und die will bei jedem Manöver möglichst trocken bleiben. Wenn dafür ein Segelwechsel etwas länger dauert, macht das gar nichts.
Andererseits, je länger eine Arbeit an Bord dauert, desto größer ist die Möglichkeit, daß etwas schief geht. Deshalb ist eine gewisse Eile nicht unbedingt verkehrt. Wenn der Wind zulegt und das Vorsegel gewechselt werden muß, sollte man nicht zu lange damit warten, weil es sonst immer schwieriger und gefährlicher wird. Ein rechtzeitiger, schneller Segelwechsel kann viel unnötigen Schweiß und Ärger vermeiden.

Der Runter-Rauf-Wechsel

Die einfachste Art, das Vorsegel zu wechseln, ist die, das alte zu bergen, es abzunehmen und zu verstauen, dann das neue zu holen, es anzubauen, hochzuziehen und dichtzuholen. Während dieser Zeit segelt das Boot nur mit dem Großsegel.
Im Grunde gibt es an dieser Vorgehensweise nichts auszusetzen, aber sie dauert lange und viele Segelyachten machen, nur mit einem Großsegel bestückt, unangenehme Bewegungen. Man muß auch darauf achten, daß das Fall und die Schoten zwischendurch irgendwo festgemacht sind, während das alte Segel verstaut und das neue an Deck geholt wird. Meistens vertörnt sich dann irgend etwas.
Eine deutlich bessere Methode ist es, zuerst das neue Segel an Deck zu bringen, es am Vorstag festzumachen, während es sich noch in seinem Sack befindet, und dann das alte Segel zu bergen. Sobald es festgebändselt ist, kann das neue Segel gesetzt und getrimmt werden, erst danach geht man ans Aufräumen. So wird nicht nur der Zeitraum reduziert, in dem das Boot ohne Vorsegel laufen muß, sondern es werden auch Probleme mit Fall und Schoten ausgeschlossen. Und so wird es gemacht:

1 Wenn das neue Segel ordentlich aufgetucht und verpackt worden ist, stehen alle drei Ecken und das Vorliek nach dem Öffnen des Sacks sofort zur Verfügung. Der Segelsack wird bis zum Bugkorb gebracht und mit einem Zeising gesichert.
2 Auf vielen Schiffen gibt es Bugbeschläge mit zwei Augen, so daß die Hälse zweier Segel gleichzeitig angeschlagen werden können. Ist dies der Fall, wird zunächst der Hals des neuen Segels am freien Auge festgemacht (ist dies nicht möglich, muß man warten, bis das alte Segel geborgen ist, bevor man den Hals befestigen kann).
3 Die Stagreiter des neuen Segels werden am Vorstag befestigt. Gegebenenfalls müssen ein oder zwei Stagreiter des alten Segels gelöst werden.

4 Das alte Segel wird geborgen. Am einfachsten funktioniert das, wenn eine Person das Segel an Deck zieht, während eine andere das Fall fiert, aber notfalls geht es auch allein. Es dauert nur ein wenig länger und man muß ein bißchen mehr hin und her laufen.

5 Sobald das alte Segel unten ist, wird zunächst das Fall abgenommen und am Kopf des neuen Segels festgemacht. Man löst die Stagreiter des alten Segels und bändselt das Tuch an der Seereling fest.

6 Die Vorsegelschoten müssen so viel Lose haben, daß das Schothorn des alten Segels bis zum Bugkorb gezogen werden kann. Sie werden gelöst und am neuen Segel befestigt. Da das neue Segel (wie in Kapitel 8 beschrieben) sicherlich ordentlich gepackt worden ist, kann man all diese Arbeiten erledigen, obwohl das Segel noch immer in seinem Sack steckt.

7 Die Positionen der Holepunkte auf den Genuaschienen müssen an das neue Segel an-

Nehmen Sie das neue Segel mit aufs Vorschiff.

Suchen Sie Hals, Kopf und Schothorn,...

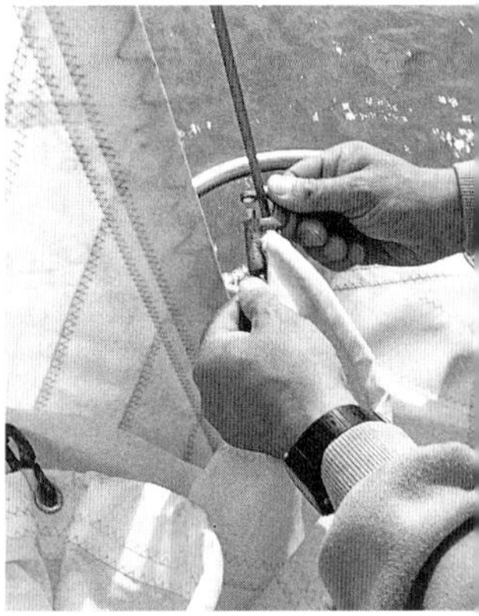

...und schlagen Sie das Segel an.

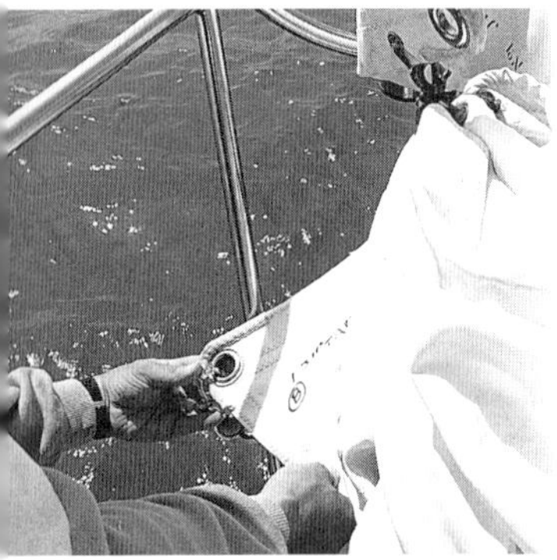

Der Hals des neuen Segels wird am Bugbeschlag eingeschäkelt,...

...das Fall an den Kopf des neuen Segels geschäkelt, die Zeisinge,

... mit denen das Segel gesichert war, werden gelöst,...

gepaßt werden. Dann wird das neue Segel gesetzt und getrimmt.
Das alte Segel ist jetzt auf dem Vorschiff festgebändselt, Kopf, Hals und Schothorn ganz vorne beieinander. Es ist fertig zum Einpacken. Es gibt also keinen Grund, das ganze Tuch mühsam an den Wanten vorbei nach achtern und unter Deck zu schaffen.
Das Segel ist einmal gefaltet, weil man ja das Schothorn bis in den Bugkorb gezogen hat. An dieser Falte fängt man also an, es in den Segelsack zu stopfen, und arbeitet sich nach vorne. Die Zeisinge müssen gelöst werden, ebenso der Segelhals, falls er noch am Bugbeschlag festgemacht sein sollte. Ist alles im Sack, befinden sich das Vorliek und alle drei Ecken des Segels oben, es ist sofort wieder einsatzbereit.
Eine Regattacrew würde sich schütteln bei dem Gedanken, ein Segel einfach wie Stroh in einen Sack zu stopfen. Sie ist es gewohnt, alle Segel sofort an Deck zusammenzulegen

Das alte Segel wird geborgen,...

...das Fall abgenommen und an der Reling befestigt,...

...die Leeschot am neuen Segel befestigt.

...und dann wird das neue Segel gesetzt.

Die Leeschot wird getrimmt, damit das Boot wieder richtig segelt,...

...dann wird die Luvschot am Schothorn befestigt.

Vom Schothorn ausgehend, wird das alte Segel in den Sack gestopft.

Auf den Knien rutschend, stopft man, bis das Vorstag erreicht ist,...

...dann werden die Stagreiter und der Hals gelöst. Der Vorsegelwechsel ist beendet.

und sie dann in meist langen Taschen zu verstauen. Mit einer entsprechend großen Crew ist das auch in Ordnung, und es ist sogar notwendig, wenn es sich um Segel aus modernem Kevlartuch handelt. Kevlar, ein braunes Material, das auch für schußsichere Westen verwendet wird, ist als Segeltuch so steif, daß man es gar nicht in einen Sack stopfen könnte, selbst wenn der Eigner es erlauben würde. Die Segel von Fahrtenyachten sind normalerweise aus weichem, dicht gewebtem Tuch ohne großen Harzanteil, so daß sie ruhig in einen Sack gestopft werden können, ohne Schaden zu nehmen.

Varianten

Wenn die Yacht mit einem Profilvorstag ausgestattet ist, muß das Vorliek vor dem Einführen in das Profil unbedingt zuerst durch den sogenannten Vorfeeder geführt werden. Der Vorfeeder ist ein D-förmiges Stück Metall, das mit einem Stück Draht oder Tauwerk am Bugbeschlag befestigt ist und dafür sorgt, daß das Vorliek von unten zum Profilvorstag geleitet wird.

Es kann sein, daß die Yacht mit einem Zweikammer-Profilstag und mit zwei Fallen ausgerüstet ist, vielleicht, weil sie manchmal an Regatten teilnimmt. Dann gibt es zwei Möglichkeiten, das neue Segel zu setzen, bevor das alte geborgen wird. Da es sich dabei um Techniken handelt, die man fast nur auf Rennyachten anwendet, werden diese Methoden hier nur kurz beschrieben.

Soll das Schiff beim Segelwechsel seinen Kurs beibehalten, wird das neue Segel entweder innen oder außen, je nachdem welche Profilkammer frei ist, angeschlagen. Wichtig ist dabei, das Fall zu benutzen, das auf der gleichen Seite aus dem Mast kommt, auf der das neue Segel gesetzt werden soll. Sonst kann es nämlich passieren, daß die Fallen nach dem Segelwechsel verdreht sind. Für das neue Segel wird eine Ersatz- oder Wechselschot benutzt. Auf so gut ausgerüsteten Yachten gibt es meistens auch zwei Schotschlitten auf jeder Seite, so daß das Segel sofort richtig getrimmt werden kann, während das andere noch steht. Ist dies aber nicht der Fall, kann die Wechselschot auch zusätzlich durch den einzelnen Umlenkblock geführt werden, der dann aber nach dem Bergen das alten Segels auf die richtige Position gebracht werden muß. Sobald das neue Segel gesetzt und getrimmt ist, wird das alte geborgen und abgenommen.

Soll der Segelwechsel an der Kreuz gemacht werden, wird die Sache schon einfacher. Das

Wenn die Yacht mit einem Zweikammer-Profilvorstag ausgerüstet ist, können Sie einen Segelwechsel in der Wende versuchen. Das neue Segel wird innen gesetzt, das alte während der Wende gefiert, dann wieder innen geborgen.

neue Segel wird innen angeschlagen, eine Wechselschot angebaut und nach Luv durch den richtig eingestellten Holepunkt nach achtern geführt. Dann wird das neue Segel gesetzt und sofort danach gewendet. Sobald das neue Segel getrimmt ist, wird das alte, wieder bequem auf der Innenseite, geborgen und entfernt.

Reffen

Als Reffen bezeichnet man die Verkleinerung der Segelfläche, ohne daß dabei das Segel abgenommen wird. Der untere Teil eines Segels wird zusammengefaltet oder -gerollt, so daß nur noch der obere Teil zieht. Reffen ist auf Fahrtenyachten die übliche Methode zur Verkleinerung der Segelfläche hinter dem Mast, allerdings verwenden viele auch reffbare Vorsegel.

Das Vorsegel reffen

Ein reffbares Vorsegel muß vom Segelmacher entsprechend konstruiert worden sein. Es muß ein zweites Halsauge und ein zweites Auge für die Schoten haben. Beide Bereiche müssen mit Segeltuch verstärkt sein, um die Lasten verteilen zu können, sonst verzieht sich das Tuch völlig, und das Segel kann nicht mehr benutzt werden.
Zum Reffen wird zunächst die Schot etwas gefiert, um die größte Last vom Vorstag zu nehmen. Dann fiert man das Fall soweit, bis das höher am Vorliek eingenähte Halsauge am Bugbeschlag festgemacht werden kann. Die Schot muß an dem entsprechenden Au-

Um das Großsegel reffen zu können, wird das Fall ein Stück gefiert und ein Teil des Segels nach unten gezogen.

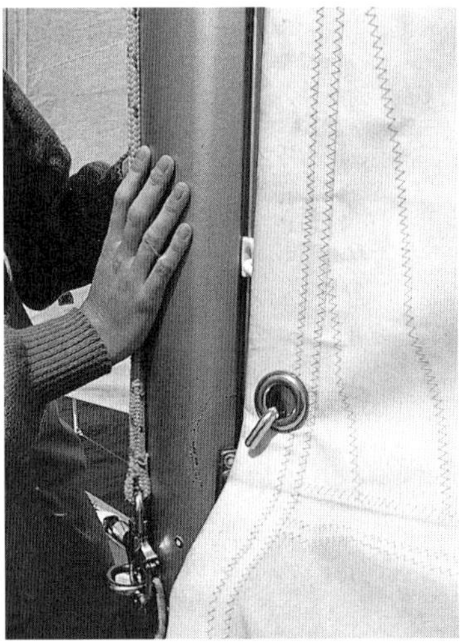

Das Reffauge wird in den Reffhaken gehängt und das Fall wieder durchgesetzt.

Die Dirk hält den Großbaum während des Reffens.

ge befestigt und der Holepunkt weiter nach vorne verschoben werden. Dann wird das Fall wieder auf Spannung gebracht und die Schot wird geholt. Wenn die Position des Holepunktes nicht exakt stimmt, ist sie richtig einzustellen.

Das Segel steht wieder und zieht, aber an der Unterseite hängt ein großes Stück Tuch und flattert im Wind. Dieses lose Tuch rollt man ein und sichert es mit kurzen Reffbändseln, die durch kleine Ösen geführt werden, die der Segelmacher auf der Linie zwischen Hals- und Schotauge eingeschlagen hat.

Als Knoten verwendet man eine ganze Schleife (wie bei Schnürsenkeln) oder auch nur eine halbe. Der Knoten geht auf, sobald man an einem Ende zieht, und man bricht sich nicht die Fingernägel bei dem Versuch ab, einen nassen, festgezogenen Kreuzknoten öffnen zu wollen.

Einrollbare Vorsegel

Die Geschichte von reffbaren Vorsegeln hört sich im Zeitalter von Rollreffanlagen wie Seemannsgarn an. Mit einer solchen Einrichtung wird die Fläche des Vorsegels durch simples Ein- oder Ausrollen beliebig verkleinert oder vergrößert.

Wenn das Vorsegel unter Last verkleinert werden soll, muß man die Spannung der Schot kontrollieren. Wenn die Last auf dem Segel zu groß ist, wird das Tuch zu eng aufgewickelt, und die dünne Leine, an der zum Einrollen gezogen werden muß, ist am Ende, bevor das ganze Segel eingedreht ist. Läßt man die Schot dagegen einfach los, wird das Segel zu lose aufgewickelt.

Einrollbare Vorsegel sind ein unschätzbarer Vorteil, wenn man mit kleiner Crew segelt, aber sie stehen nur selten gut, wenn sie teilweise eingerollt sind. Deshalb ziehen viele

Mit dem Schmeerreep wird das Unterliek gestreckt und auf den Baum geholt.

Das Schmeerreep muß richtig stramm durchgesetzt werden,...

...das lose Tuch wird eingerollt und mit Reffbändseln festgemacht.

Skipper den Segelwechsel vor, vor allem, wenn sie Leute an Bord haben, die die Arbeit für sie erledigen.

Das Großsegel reffen

Das gleiche Prinzip wie beim Reffen des Vorsegels gilt für das Reffen des Großsegels. Allein der Großbaum bedeutet eine zusätzliche Schwierigkeit. Läßt man nämlich einfach das Fall los, fällt der Baum an Deck und möglicherweise jemandem auf den Kopf. Der Baum muß deshalb von der Dirk gehalten werden.

1 Großschot und Baumniederholer müssen gefiert werden.

2 Das Gewicht des Baumes muß von der Dirk gehalten werden.

3 Das Fall wird soweit gefiert, daß das vordere Reffauge in den Haken am vorderen Ende des Baumes eingehakt werden kann.

4 Das Fall wird wieder auf die notwendige Spannung gekurbelt.

5 Das Unterliek wird mit dem sogenannten Schmeerreep dichtgeholt. Diese Leine ist am hinteren Teil des Baumes befestigt. Sie läuft durch ein Reffauge am Achterliek des Großsegels wieder zum Baumende und über eine Rolle durch den Baum nach vorne, auf größeren Yachten weiter bis auf eine Winsch.

6 Die Dirk wird wieder gefiert, Großschot und Niederholer werden dichtgeholt.

7 Das verkleinerte Segel sollte gut stehen und ziehen, jetzt muß nur noch das lose Tuch eingerollt und festgebändselt werden. Die Reffbändsel werden um den Baum durch die Reffösen im Segel geführt. Ist das Unterliek mit Rutschern am Großbaum befestigt, führt man sie zwischen den Rutschern hindurch.

Beim Reffen des Großsegels müssen immer einige wichtige Details bedacht werden:

- Das Großsegel muß so lose sein, daß man nicht gegen einen Widerstand, zum Beispiel die Großschot, ziehen muß.
- Zuerst wird das Fall geholt, dann erst das Unterliek.
- Die Reffbändsel müssen so lose sein, daß sie keine Last zu halten haben. Die Last muß auf die verstärkten Augen an den Lieken verteilt sein. Das ist sehr wichtig, denn Last auf den Reffbändseln würde die Form des Segelprofiles verändern. Sie dienen nur dazu, das eingerollte Tuch zu halten.

Das Rollbaumreff

Vielleicht segeln Sie auf einer Yacht mit einem Rollbaum, einer älteren Methode, das Großsegel zu reffen. Das Segel wird einfach um den Großbaum gewickelt, der mit Hilfe einer Kurbel am Lümmelbeschlag gedreht werden kann. Davon abgesehen gelten die gleichen Grundsätze wie beim normalen Reffen. Das Gewicht des Baumes muß von der Dirk gehalten und die Großschot muß gefiert werden.

Da das Segel um den Baum gewickelt wird, muß alles, was zwischen den Baumenden angebracht ist, abgenommen werden. Das kann die Großschot sein, sicherlich aber der Baumniederholer, wenn überhaupt vorhanden. Die Schot ist meistens an einem drehbaren Beschlag am äußersten Ende des Baumes befestigt, manchmal allerdings auch an einer abnehmbaren Klaue. Bei einer Klaue muß darauf geachtet werden, daß sie nicht gegen das Tuch drückt oder sich vielleicht hindurchbohrt. Gegebenenfalls muß das Tuch geschützt werden.

10 Der Spinnaker

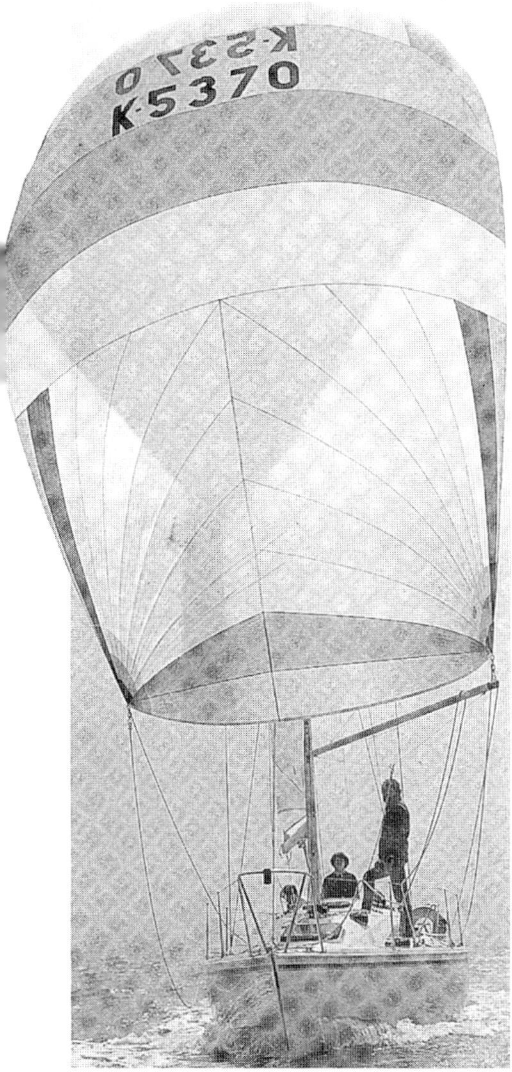

Die Segelfläche einer Yacht, die für Kurse hoch Wind angemessen und vollkommen ausreichend ist, ist für Kurse vor dem Wind gewöhnlich zu klein. Der Grund dafür ist recht einfach zu verstehen: Die Geschwindigkeit des Windes und die Geschwindigkeit der Yacht, die (fast) gegen den Wind segelt, addieren sich zum sogenannten scheinbaren Wind. Segelt ein Boot dagegen vor dem Wind, muß man die Geschwindigkeit der Yacht von der Windgeschwindigkeit abziehen. Der scheinbare Wind ist also erheblich geringer als an der Kreuz, auch wenn der wahre Wind in beiden Fällen gleich stark ist. An der Kreuz fühlt er sich stärker an, vor dem Wind schwächer.

Eine zu kleine Segelfläche ist für eine Yacht und ihre Crew ebenso unangenehm wie eine zu große. Man fühlt, sie segelt nicht richtig, reagiert merkwürdig auf das Ruder und bewegt sich unkontrolliert im Seegang. Das Leben ist langweilig, mehr Segelfläche muß her. Gewöhnlich wird dann ein großes und leichtes Segel gesetzt, der sogenannte Spinnaker (ein solches Segel wurde zum ersten Mal auf einer englischen Yacht namens »Sphinx« gesetzt, und es war so groß, daß es die Bezeichnung »Sphinx's acre« bekam, so jedenfalls die Überlieferung). Wegen seiner Größe

Diese Yacht segelt mit doppeltem Spinnakergeschirr. Von links aus gesehen, sind da der (unbenutzte) Achterholer, die Schot, die Genuaschot über dem Spinnakerbaum, der Achterholer und die (unbenutzte) Schot.

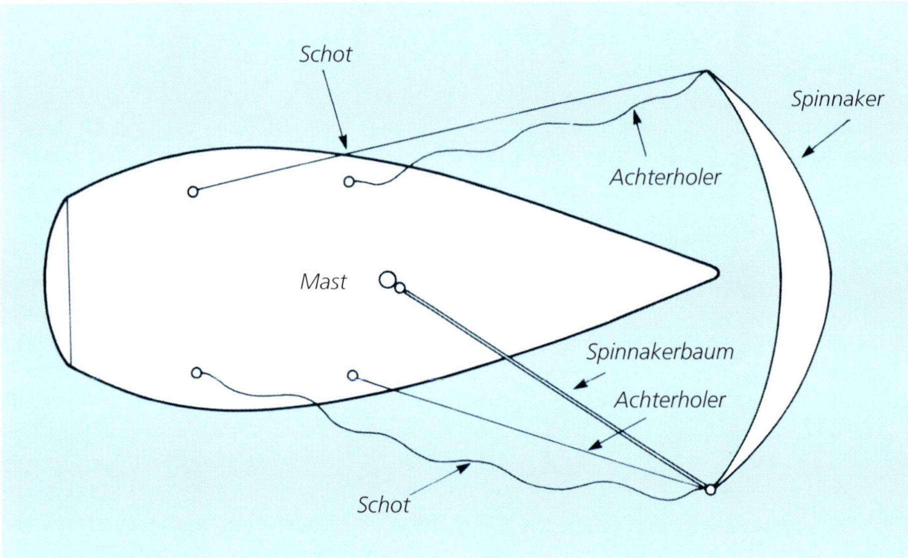

Der Spinnaker steckt noch im Sack. Schot und Achterholer werden angeschlagen, der Spinnakerbaum wird gestellt.

Mit dem Achterholer ziehen Sie den Hals des Spinnakers aus dem Sack bis ans Ende des Spinnakerbaumes,…

…dann wird das Segel mit dem Fall zügig bis zum Masttopp hochgezogen.

und der komplizierten Handhabung wird der Spinnaker oft als Regattasegel bezeichnet. Das ist eine Schande, denn wenn er mit Vorsicht benutzt wird, trägt er einiges zum Spaß des Fahrtensegelns bei. Man erreicht auf Kursen vor dem Wind und vor allem bei leichter Brise deutlich höhere Reisegeschwindigkeiten. Mit einem Spinnaker liegt eine Yacht besser im Wasser, sie ist einfacher zu steuern, und das Leben an Bord ist angenehmer, selbst bei einer frischen Brise.

Spinnaker können gefährlich werden, wenn man sie unter kritischen Bedingungen segelt. Der Spaß am Fahrtensegeln aber, im Gegensatz zum Regattasegeln, liegt vor allem darin, daß man den Spinnaker dann einfach in seinem Sack unter Deck beläßt. Wie Regattacrews mit Spinnakern umgehen, wird in anderen Büchern ausführlich beschrieben. Für Neulinge des Fahrtensegelns mögen die wichtigsten Regeln genügen.

Den Spinnaker anschlagen

Der Spinnaker ist ein großes, symmetrisch geschnittenes Segel, das eine fast ballonartige Form hat, wenn es gesetzt ist. Es steht über und vor einer Yacht. Der Spinnaker wird auf der Luvseite vom Spinnakerbaum gehalten und von einer Schot in Lee getrimmt. Der Spinnaker benötigt eigenes Geschirr: ein Fall, einen Baum, eine Schot und einen Achterholer. Der Achterholer läuft durch das äußere Ende des Spinnakerbaumes und hält ihn in seiner Position. Der Baum wird von einem Toppnanten nach oben und von einem Niederholer nach unten gehalten.

Wenn sich das Segel zu füllen beginnt, wird der Achterholer geholt, um den Baum nach hinten zu bringen,...

...dann wird die Schot geholt, bis der Spinnaker richtig steht.

Wenn alles in Ordnung ist, wird das Vorsegel geborgen und entweder gesichert oder weggepackt.

Ist der Spinnaker gesetzt, steht er vor dem Vorstag. Das Vorsegel wird normalerweise geborgen, um die Luftströmung in den Spinnaker nicht zu stören.

Den Spinnaker setzen

Eine erfahrene Person an Bord kann bei normalen Fahrtenbedingungen den Spinnaker allein setzen und trimmen, aber das Leben ist einfacher, wenn man zu zweit oder zu dritt ist. Dann kann einer die Vorschiffsarbeit machen und das Fall bedienen, während die anderen sich um Schoten und Achterholer kümmern. Stehen weniger Leute zur Verfügung, muß man eben ein bißchen mehr hin und her springen. Das Geheimnis eines gelungenen Manövers ist, wie so oft, eine gute Vorbereitung.

Um den Spinnaker setzen zu können, benötigt man

- den Spinnaker an Deck in der Nähe des Bugkorbes, aber noch in seinem Sack (der irgendwo festgebändselt wird, damit er nicht über Bord geweht werden kann),
- Schot und Achterholer, die außen um alles herumgeführt und an den richtigen Ecken des Spinnakers festgemacht werden,
- das Fall, das am Kopf des Segels befestigt wird,
- den Achterholer, der durch das äußere Ende des Spinnakerbaumes geführt wird,
- den Spinnakerbaum, der am Mast befestigt ist und vom Toppnanten waagerecht gehalten wird,
- Schot und Achterholer, die zu den richtigen Winschen im Cockpit laufen.

Wenn das Segel klar zum Setzen ist, braucht man

- eine Person am Fall,
- eine Person an der Schot,
- eine Person am Achterholer.

Kritischer Punkt des Manövers ist die Zeit von Beginn des Setzens an bis zu dem Moment, in dem der Spinnaker voll steht und zieht. Sie sollte deshalb so kurz wie möglich sein.

Zunächst zieht man mit dem Achterholer die eine Ecke des Spinnakers aus dem Sack bis ans Ende des Spinnakerbaumes.

Dann wird zügig das Fall geholt, bis der Kopf des Spinnakers am Masttopp angelangt ist. Anschließend wird der Baum mit dem Achterholer nach achtern geholt, damit sich das Segel öffnen und der Wind es füllen kann.

Wenn der Spinnaker oben und der Achterholer gezogen ist – keinesfalls früher –, wird auch die Schot geholt, bis das Segel richtig zieht. Ist dann alles in Ordnung, wird das Vorsegel geborgen und entweder gesichert oder ganz weggenommen.

Beliebte Fehler

- Es dauert zu lange. Ist der Spinnaker nur halb hochgezogen und bereits teilweise voll Wind, wird er hin und her schlagen, sich um sich selbst drehen und sich um andere Dinge wie das Vorstag wickeln. Wird das Fall zu langsam gezogen, ist oft nicht alles richtig vorbereitet worden.
- Der Achterholer wird zu spät geholt. Wenn der Spinnakerbaum am Vorstag stehen bleibt, kann sich der Spinnaker nicht mit Wind füllen.
- Die Schot wird zu früh geholt. Der Spinnaker wird hinter das Vorsegel und in den Windschatten des Großsegels gezogen und kann sich nicht mit Wind füllen. Oder, wenn auch der Achterholer zu früh geholt worden ist, wird sich das Segel füllen, bevor das Fall ganz oben ist. Wenn das geschieht, bedeutet das

So sieht die klassische Eieruhr aus.

entweder harte Arbeit, da der volle Spinnaker mit einer Winsch hochgekurbelt werden muß, oder das Fall wird der Person am Mast aus der Hand gerissen, das Segel fällt vor dem Bug ins Wasser, und dann segelt das Boot darüber hinweg. Wird die Schot sofort gefiert, bekommt man das Problem vielleicht noch in den Griff.

• Die Schot wird nicht rechtzeitig gefiert. Der Kopf des Spinnakers kann sich beim Setzen einige Male um sich selbst drehen. Wenn dann die Schot gezogen wird, hat man eine schöne Eieruhr: zwei prall gefüllte Spinnakerteile übereinander, verbunden durch einen Knoten aus Nylontuch.

Eine Eieruhr entwirren

Man fiert die Schot und gleichzeitig den Achterholer, bis der Spinnakerbaum am Vorstag anliegt. Dann zieht man an einem der Seitenlieken des Spinnakers, während das Fall um ein bis zwei Meter gefiert wird.

Wenn sich die Eieruhr nach kräftigem Ruckeln nicht auflöst, muß der Spinnaker zurück an Deck geholt werden. Man nimmt dann das Seitenliek, am Spinnakerbaum beginnend, und verfolgt es mit beiden Händen in Richtung Segelkopf. Hat man die Verdrehung erreicht, löst man sie und führt das Seitenliek, während das Segel wieder hochgezogen wird.

Den Spinnaker trimmen

Die goldenen Regeln sind:

• Der Spinnaker sollte symmetrisch zu seiner vertikalen Mittellinie stehen.

• Der Spinnakerbaum sollte rechtwinklig zum scheinbaren Wind eingestellt werden. Der Windex im Masttopp zeigt die scheinbare Windrichtung an.

• Die beiden unteren Ecken des Spinnakers, der Hals und das Schothorn, sollten sich auf gleicher Höhe befinden. Während sich das Schothorn, an dem die Schot befestigt ist, seine Höhe von allein sucht, muß das äußere Ende des Spinnakerbaumes, an dem sich der Hals des Segels befindet, mit Toppnant und Niederholer auf die gleiche Höhe gebracht

Steht der Spinnakerbaum zu weit vorne, fallen die Seitenlieken zusammen.

Steht er zu weit achtern, kippt das Vorliek und das Unterliek ist über das Vorstag gespannt.

werden. Die umgekehrte Reihenfolge funktioniert nicht.

• Der Spinnakerbaum selbst sollte waagerecht stehen. Wenn also die Höhe des äußeren Endes verändert wurde, muß auch die Höhe am Mast neu eingestellt werden.

Ein Spinnaker wird mit der Schot genauso getrimmt wie jedes andere Segel: Man fiert sie, bis das Segel zu killen beginnt, und holt sie wieder ein wenig dicht. Fiert man die Spinnakerschot zu weit, sieht man oben am luvwärtigen Liek, daß es umklappt. Die Schot wird so weit geholt, bis das Umklappen verschwindet.

Beliebte Fehler

• Der Baum steht zu weit vorne. Das Segel fällt immer wieder ein, aber eher von oben oder von der Mitte aus als vom Vorliek, wie es der Fall sein würde, wenn die Schot zu weit gefiert worden wäre. Weil der Baum zu weit vorne steht, muß der Spinnaker zu weit hinter das Großsegel geholt werden, wo er in dessen Abdeckung gerät. Die Luftströmung ist dort instabil und ungleichmäßig.

• Der Baum steht zu weit achtern. Das Segel fällt am oberen Seitenliek ein. Wird versucht, das Problem durch mehr Zug an der Schot zu lösen, zieht man das Unterliek stramm über das Vorstag.

• Das äußere Ende des Baumes ist zu tief. Die beiden Ecken des Spinnakers befinden sich nicht auf gleicher Höhe, das Schothorn ist höher als der Hals. Dadurch wird das Vorliek des Segels zu stramm.

• Das äußere Ende des Baumes ist zu hoch. Die beiden Ecken des Spinnakers befinden sich nicht auf gleicher Höhe, aber jetzt hängt das Schothorn tiefer als der Hals mit dem Baumende. Das luvseitige Liek des Segels ist zu lose, steigt nach oben und verdreht den Spinnaker.

• Die Schot ist zu dicht. Das Unterliek des Spinnakers wird geradegezogen, das Segel im unteren Bereich »abgewürgt«. Die Luftströmungen in einem Spinnaker sind recht komplex. Vor dem Wind kommt der Wind von beiden Seiten in das Segel, trifft sich in der Mitte und strömt zum größten Teil nach unten aus dem Spinnaker hinaus. Es ist deshalb wichtig, den unteren Bereich offen zu halten, damit die Strömung abfließen und frischer Wind nachkommen kann.

Rollen

Wird der Spinnaker bei zunehmendem Wind zu hoch gefahren, beginnt das Schiff unter Umständen zu rollen (es krängt abwechselnd nach Backbord und Steuerbord). Das ist nicht besonders angenehm und kann auch gefährlich werden, wenn der Spinnaker im gleichen Takt mitschwingt. Das Problem wird gelöst, indem man den Umlenkblock der Spinnakerschot nach vorne verschiebt, eventuell sogar bis in Höhe der Wanten. Auf die Weise wird das Schothorn nach unten und der Spinnaker flacher gezogen. Der Hals des Spinnakers ist dann auf die gleiche Höhe zu bringen.

Halsen mit Spinnaker

Beim Halsen wird der Spinnakerbaum von der einen unteren Ecke des Spinnakers an die andere gebracht. Der ursprüngliche Achterholer wird dabei zur Schot und umgekehrt. Es gibt zwei Methoden, den Spinnaker zu halsen. Welche benutzt wird, hängt im wesentlichen von der Art des Spinnakerbaumes an Bord ab.

Durchstecken

Falls die beiden Enden des Spinnakerbaumes mit den gleichen Beschlägen versehen sind, kann die Durchsteckhalse ausgeführt werden.

Wenn die Yacht vor dem Wind segelt, wird das innere Ende des Baumes vom Beschlag am Mast abgenommen. Der Achterholer wird ausgeklinkt, indem man den Bolzen, der den Endbeschlag verschließt, mit Hilfe einer Leine zurückzieht. Der Baum hängt dann nur noch am Toppnant, der wiederum mit zwei Draht- oder Tauenden am Baum befestigt ist (das nennt man eine Hahnepot). Die alte Schot wird jetzt zum neuen Achterholer und in den Beschlag, der zuvor am Mast fest war, eingeklinkt. Dann wird der Baum nach außen geschoben, bis man das andere Ende am Mast einrasten kann.

Durchschwingen

Viele Spinnakerbäume haben nur an einem Ende einen Beschlag, in den sich der Achterholer einklinken läßt. Das andere Ende bleibt also immer am Mast, so daß der Baum unter dem Vorstag hindurch auf die andere Seite geschwungen werden muß. Damit diese Methode funktioniert, muß der Spinnaker auf jeder Seite doppelte Leinen haben (jeweils eine Schot und einen Achterholer).

Eine Durchsteckhalse: Der Vorschiffsmann steht mit dem Gesicht nach vorne am Mast und hakt den Spinnakerbaum aus.

Während er den Baum quer über das Schiff schiebt, legt er die neue Genuaschot darüber.

Dann greift er nach dem neuen Achterholer...

...und klingt ihn in den Baumbeschlag ein.

Der alte Achterholer wird ausgeklinkt und die alte Schot abgestreift.

Dann wird der Baum wieder am Mast eingehakt.

Schot und Achterholer während der Halse

Beide müssen so gefahren werden, daß der Spinnaker während der Halse hoch und breit steht und nicht in sich zusammenfallen kann. Um den alten Achterholer ausklinken zu können, muß er leicht gefiert, dann aber gleich wieder geholt werden, damit das Segel voll stehen bleibt.

Die alte Schot (der neue Achterholer) muß gefiert werden, damit die Leine in das Ende des Baumes eingeklinkt werden kann.

Großsegel und Ruder während der Halse

Es hilft ungemein, wenn der Großbaum während der Spinnakerhalse nahe zur Mittschiffslinie gehalten wird, da das Großsegel den Spinnaker dann nicht abdecken kann. Wird der Spinnaker vor dem Großsegel gehalst, gerät er in dessen Abdeckung und kann zusammenfallen oder sich gar um das Vorstag wickeln.

Wenn das Großsegel vollständig gehalst worden ist, bevor der Spinnakerbaum auf die andere Seite gebracht wurde (die übliche Praxis auf Jollen), wird der Spinnaker wahrscheinlich ebenfalls zusammenfallen, da nichts vorhanden ist, was den neuen Achterholer und die neue Luvseite des Segels stützt, oder weil er vom Großsegel abgedeckt wird.

Die goldene Regel für den Steuermann lautet: Fahr dem Spinnaker hinterher. Dreht er zu weit, zu schnell oder nicht weit genug, gerät der Spinnaker zu weit auf eine Seite der Yacht und kann dadurch eine Kettenreaktion auslösen: Das Segel kann zusammenfallen, es kann sich um das Vorstag wickeln, oder das Boot schießt in den Wind, oder alle drei Möglichkeiten passieren gleichzeitig.

Wie weit das Boot gedreht wird, hängt von der Windgeschwindigkeit ab. Je stärker der Wind ist, desto geringer darf die Kursänderung sein, nicht zuletzt, weil das Großsegel so lange mittschiffs gehalten werden muß, bis die Halse des Spinnakers beendet ist.

Wenn Sie glauben, der Wind sei für eine Halse mit dem Spinnaker zu stark, nehmen Sie ihn weg, halsen Sie und setzen Sie den Spinnaker gegebenenfalls auf dem anderen Bug neu.

Den Spinnaker bergen

Man darf das Fall des Spinnakers nicht einfach ausrauschen lassen, sondern man muß es mit Gefühl fieren. Es gibt aus der Regattaszene ausgefeilte Techniken für dieses Manöver, wir beschränken uns hier auf die sicherste und einfachste Methode.

Der Spinnaker wird am besten in Lee anderer Segel geborgen, weil der Wind dann nicht in das Segel fassen kann. Am einfachsten ist dies, wenn man fast genau vor dem Wind segelt. Je mehr die Yacht angeluvt wird, desto schwieriger kann das Einsammeln des Tuches werden.

Zunächst wird das Vorsegel gesetzt. Danach wird der Achterholer so weit gefiert, daß der Spinnakerbaum das Vorstag berührt. Der Niederholer muß dabei entsprechend geholt werden. Der Spinnaker wird dann in sich zusammenfallen. Die Crew greift sich die Schot (oder den anderen Achterholer) und zieht sie unter dem Großbaum hindurch.

Der Achterholer wird losgelassen, so daß er durch das Ende des Spinnakerbaumes läuft. Gleichzeitig muß die Crew das Unterliek des Spinnakers hinter dem Großsegel zusammenraffen. Wenn das Segel eine lange Ny-

Eine Durchschwinghalse: Der alte Achterholer wird ausgeklinkt.

Der Toppnant wird gefiert und der Baum unter dem Vorstag durchgeschwungen.

Der neue Achterholer wird eingeklinkt, der Baum angehoben, und dann muß der Achterholer geholt werden.

lonwurst bildet, wird das Fall so schnell gefiert, wie die Crew das Tuch einsammeln und durch den Niedergang unter Deck bringen kann.

Beliebte Fehler

• Der Spinnaker fällt ins Wasser. Das geschieht, wenn das Fall zu früh und zu schnell gefiert wird, aber auch, wenn man das Segel zu dicht an der Reling einsammelt und ein Teil dabei über Bord geht.

• Das Boot luvt zu weit an. Man sollte am besten vor dem Wind segeln, wenn der Spinnaker geborgen wird. Je höher man an den Wind geht, desto mehr Druck ist in den Segeln, desto mehr krängt das Boot und um so

schwieriger wird das gesamte Manöver. Wenn etwas schief geht, kann ein Crewmitglied leicht über Bord fallen.

- Der Spinnaker wird zu spät geborgen. Je stärker der Wind ist, desto schwieriger wird das Manöver. Wenn frischer Wind die Yacht ins Gleiten bringt, vergißt man schnell, daß das Segel irgendwann geborgen werden muß. Dann gerät man schnell in Schwierigkeiten.

Spinnakerstrümpfe

Spinnakerstrümpfe ersparen viel Kummer. Der Strumpf ist ein langer Schlauch (meistens) aus Nylon, in dem der Spinnaker verstaut wird. Das untere Ende besteht aus Fiberglas oder einem steifen Material und ist glockenförmig ausgeformt. Dort ist eine dünne Leine befestigt, die in dem Schlauch ganz nach oben, über einen Block wieder nach unten läuft und mit ihrem Ende aus dem Strumpf heraushängt.

Der Spinnaker wird in dem Strumpf vorgeheißt, Schoten und Achterholer sind wie üblich befestigt, der Spinnakerbaum ist fertig angebaut. Wenn der Hals des Spinnakers bis an das Baumende gezogen worden ist, wird der Strumpf an der dünnen Leine bis zum Masttopp hochgezogen. So wird der Spinnaker freigegeben und füllt sich von unten nach oben.

Der gesamte Strumpf mit seinem glockenförmigen Ende bleibt am Masttopp, solange der Spinnaker gesetzt ist.

Um ihn zu bergen oder auch für eine Halse wird das Segel durch Fieren der Schot zunächst entlastet. Dann zieht man den Strumpf mit einer zweiten Leine über den Spinnaker nach unten.

Bevor der Spinnaker geborgen wird, setzt man zunächst das Vorsegel. Dann werden Achterholer und Schot gefiert, das Segel mit der Schot an Bord gezogen und unter Deck gebracht.

Ist der Spinnaker außenbords gefallen, darf man ihn nur an einem Liek wieder an Bord ziehen, damit das Wasser ablaufen kann.

Vorteile

Die kritischen Situationen beim Spinnakersegeln, das Setzen und Bergen, werden enorm entschärft.

Nachteile

Der Strumpf mit seinem glockenförmigen Ende bleibt immer am Kopf des Spinnakers. Das kostet etwas Geschwindigkeit, vor allem aber kann auf die Dauer irgend etwas durchscheuern. Der zusammengezogene Strumpf kann sich aber auch mit einem Fall verklemmen oder in eine der Rollen im Masttopp geraten.

Ist das trichterförmige Ende zu klein, kann es oft nur schwer über den Spinnaker nach unten gezogen werden. Manchmal muß man dann sogar eine Winsch zu Hilfe nehmen und riskiert damit Schäden am Strumpf oder am Spinnaker. Das Problem kann mit einem größeren Durchmesser am Ende des Strumpfes gelöst werden. Doch es dürfte taktisch klüger sein, diese Erkenntnis als Neuling lieber für sich zu behalten.

11 Am Ziel

Die Art und Weise, wie eine Yacht in einen Hafen einläuft und festmacht, sagt einiges über ihre Crew aus. Schlechte Teamarbeit ist peinlich und frustrierend, sie kann sogar teuer und gefährlich sein, wenn man beispielsweise seinen Liegeplatz verfehlt und gegen ein anderes Schiff fährt.
Es ist besonders wichtig, das Schiff immer unter Kontrolle zu haben. Man kann durchaus irgendwo unter Segeln längsseits gehen (man muß es tun, wenn die Yacht keine Maschine hat oder der Motor ausgefallen ist), die meisten Hafenmeister werden allerdings ziemlich irritiert sein, wenn eine Yacht mit gesetzten Segeln einen Liegeplatz ansteuert. Üblicherweise werden die Segel deshalb vor dem Einlaufen geborgen (siehe Kapitel 6), und man läuft mit Motorkraft in den Hafen.

Machen Sie die Fender rechtzeitig vorher klar, aber lassen Sie sie bis kurz vor dem Anlegen an Deck liegen.

Leinen und Fender

Sie sollten rechtzeitig an Deck geholt und vorbereitet werden, das heißt bevor der Liegeplatz erreicht ist. Man benötigt mindestens eine Vor- und eine Achterleine. Sie sollten von guter Qualität und mindestens so lang sein wie die Yacht selbst. Sie müssen sauber aufgeschossen sein, die Enden sollten aber noch nicht festgemacht werden.
Die Fender müssen verteilt werden. Zwei davon werden mittschiffs festgemacht, da, wo das Schiff am breitesten ist und beim Liegen längsseits eine Kaimauer oder einen Steg berührt. Mindestens ein Fender sollte lose bereit liegen, damit er schnell über die Bordwand gehängt werden kann, wenn der Skipper das letzte Stück bis zum Liegeplatz in Angriff nimmt. Weitere Fender können das Vor- und Achterschiff schützen, falls sich das Boot dreht.
Manche Skipper haben nichts dagegen, wenn die Fender am obersten Draht der Seereling befestigt werden. Andere hassen das, weil der Draht durch das Gewicht der Fender an den Stützen scheuert und gereckt wird. Am besten ist es, wenn die Fender an der Fußschiene, an den Relingsstützen oder an den Handläufen auf dem Kajütdach angebracht werden.

Wenn man einen Webeleinstek direkt an einer Stütze macht und zwar mit der einen Schlaufe rechts und der anderen links davon, kann man einen Fender aber auch an der Seereling festmachen. So wird der Draht nicht belastet, und das Seitendeck bleibt frei (was nicht der Fall ist, wenn man die Fender an den Handläufen auf dem Kajütdach befestigt). Außerdem können sie so leichter in der Höhe reguliert werden.
Ein Fender ist in der richtigen Höhe angebracht, wenn seine Unterseite gerade das Wasser berührt. Es gehört zum guten Ton, die Fender zwar festzumachen, sie aber bis kurz vor Erreichen des Liegeplatzes noch nicht über die Bordwand zu hängen. Eine Yacht, die lange mit Fendern außenbords durch den Hafen fährt, ist meistens ein Charterboot mit einem Haufen Landratten an Bord.

Herumstehen – McKeags Gesetz

Wenn eine Yacht ihren Liegeplatz ansteuert, stehen alle entweder auf dem Seitendeck, wo sie beim Anlegen gebraucht werden oder dort, wo sie den besten Blick auf den bevorstehenden Zusammenstoß haben. Der Steuermann sieht nur noch Stiefel, Beine und Rücken in einem Moment, in dem er die freie Sicht am meisten braucht. Dieses Phänomen kann sogar mathematisch als McKeags Gesetz definiert werden: Die Anzahl der Personen, die den Blick versperren nimmt im gleichen Maße zu, wie die Entfernung zu einem Hindernis abnimmt.
Richten Sie sich nicht nach McKeags Gesetz. Man steht, oder noch besser, man sitzt optimal im Bereich der Mittschiffslinie hinter oder vor dem Mast. So kann der Steuermann ungehindert nach vorne und nach beiden Seiten sehen.

Im Notfall

Eine Maschine fällt nur dann unerwartet aus, wenn man sie dringend braucht, die Steuerung nur, wenn man gerade das Schiff drehen will, und ein Schalthebel nur, wenn man gerade den Rückwärtsgang einlegen muß. Vor diesem Hintergrund gibt es auf einer gut geführten Yacht einen Plan für Notfälle.
Dazu kann das simple Vorbeifahren an einer Box mit anschließendem neuen Anlauf

Schießen Sie geschlagenes Tauwerk immer in der Richtung des Schlages auf, sonst kinkt es (rechts).

Schießen Sie die Wurfleine auf.

Halten Sie ein Ende mit dem Daumen fest,...

...und teilen Sie die Leine in zwei Hälften.

Suchen Sie sich eine freie Stelle, holen Sie mit der einen Hälfte aus,...

...werfen Sie die Leine hoch und weit, so daß sie sich in der Luft abrollen kann,....

....und geben Sie den Rest der Leine nach Bedarf frei.

gehören, das schnelle Setzen eines Segels oder der Einsatz des Ankers. Es kommt auf die Umstände an. Pläne für Notfälle müssen vom Skipper initiiert und ausgearbeitet werden, die Crew aber muß sie dann auch umsetzen können. Wenn Sie nicht über diese Pläne informiert worden sind oder wenn es so aussieht, als gäbe es gar keine, fragen Sie. Seien Sie taktvoll. Zu fragen »Was machen wir, wenn das oder jenes schiefgeht?« wird kaum zu einer freundlichen Antwort führen, aber »Soll die Baumpersenning jetzt oder erst später am Liegeplatz auf das Großsegel«? wird Ihnen vielleicht ein gewisses Maß (unausgesprochener) Dankbarkeit einbringen.

Eine Leine werfen

Es gibt nichts, was einen guten von einem schlechten Seemann (beiderlei Geschlechts) mehr unterscheidet als die Art, wie er oder sie eine Leine wirft. Es gibt kaum etwas Peinlicheres, als mit der Leine in der Hand an Deck zu stehen, alle Augen auf sich gerichtet, und dann fällt das ganze Tauwerk kurz vor dem Schiff ins Wasser, während der Wind das Boot unaufhaltsam von der Pier wegdrückt. Um das zu vermeiden, sollten Sie lernen, wie man eine Leine richtig wirft.

Schießen Sie die Leine sorgfältig auf. Die Buchten sollten nicht zu klein sein, aber auch nicht so groß wie ein ausgestreckter Arm.

Wickeln Sie das Ende, das an Bord bleiben soll, um die Hand, mit der Sie nicht werfen, und halten Sie es mit dem Daumen fest. Teilen Sie die aufgeschossene Leine so auf beide Hände auf, daß Sie in der Wurfhand weniger Buchten halten als in der anderen.

Stellen Sie sich irgendwo an Deck hin, wo die Leine beim Ausholen nicht hängen bleiben kann, also nicht in der Nähe der Wanten. Achten Sie auch darauf, daß der Schwung beim Werfen Sie nicht stolpern und über Bord gehen lassen kann.

Schwingen Sie Ihren Wurfarm zurück, voraus, wieder zurück, und lassen Sie die Leine am Ende der nächsten Vorausbewegung los, so daß sie hoch fliegen kann. Öffnen Sie die andere Hand, so daß die einzelnen Buchten frei ausrauschen können. Je geringer der Widerstand ist, den der bereits geworfene Teil der Leine überwinden muß, desto weiter wird die Leine fliegen.

Werfen Sie die Leine nicht genau in Richtung der Person an Land, die die Leine annehmen will, sondern zielen Sie über sie hinweg. So ist sie dann einfacher zu ergreifen.

Wirft man Ihnen eine Leine zu, versuchen Sie nicht, das Ende zu erwischen. Mit ausgebreiteten Armen bilden Sie ein großes Ziel, oder lassen Sie die Leine neben sich fallen, dann können Sie mit einem Fuß drauftreten, bevor sie ins Wasser zurückrutscht.

An Land springen

Wenn niemand an Land steht, der die Leinen annehmen kann, muß jemand von der Crew an Land springen und sie festmachen. Man könnte meinen, der beste Platz dafür sei der Bug, aber der Skipper will mit dem Boot längsseits gehen und nicht mit dem Bug anlegen. Wenn sich das Boot kurz vor dem Steg befindet, wird der Skipper es drehen und der Bug sich wieder vom sicheren Land entfernen, vielleicht gerade in dem Moment, in dem Sie springen wollen. Sehr unfair.

Der beste Platz ist in der Nähe der Wanten. An denen können Sie sich festhalten, wenn Sie mit beiden Füßen außerhalb der Seereling auf der Fußschiene stehen. Von dort aus ist es für einen Menschen nur ein kleiner Schritt an Land, besser jedenfalls als ein großer Schritt für die Menschheit.

Abstoppen

Sobald die Leine übergeben ist, legen Sie sie um irgend etwas herum, solange die Möglichkeit dazu besteht. Denken Sie daran, am anderen Ende hängt eine mehrere Tonnen schwere Yacht, die sich noch in Fahrt befindet und die Sie mitziehen will. Das Bild eines entsetzten Crewmitgliedes, das im Winkel von 45 Grad an der Leine hängt und mit hoher Geschwindigkeit über die Pier gezogen wird, während Rauch von seinen Schuhsohlen aufsteigt, ist viel zu real, um komisch zu sein, vor allem, wenn Sie entweder dieses Crewmitglied oder aber der Eigner des Bootes sind.

Auf der anderen Seite ist es eine große Befriedigung, wenn man einige Tonnen Yacht sanft abgestoppt hat, indem man die Leine lässig über eine Klampe oder einen Poller geworfen hat und sie mit einer Hand festhält.

An Bord gelten die gleichen Regeln. Sobald die Leine geworfen und gefangen worden ist,

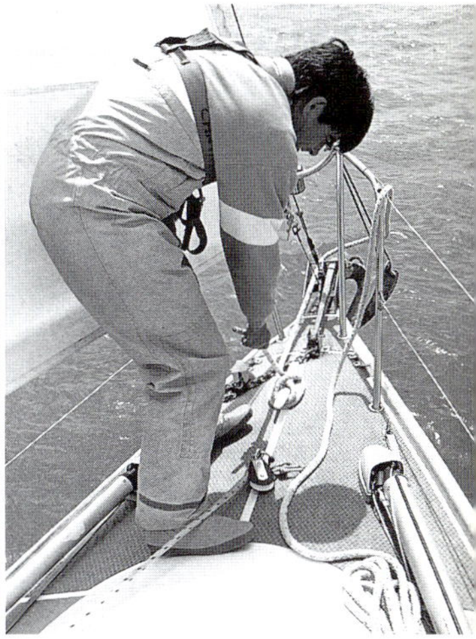

Ein Ende des Festmachers wird über die Seereling... *...von außen durch die Lippklampe auf der Fußschiene geführt...* *...und auf einer Klampe belegt. So läuft die Leine richtig.*

führen Sie das Ende von außen um die Seereling durch eine Klüse oder Lippklampe auf eine Winsch oder eine dafür geeignete Festmacherklampe. Man kann die Leine schon vorher provisorisch belegen, dann muß man sie aber von der Klampe durch die Klüse und von außen über die Reling an Deck führen, von wo aus sie dann geworfen wird.

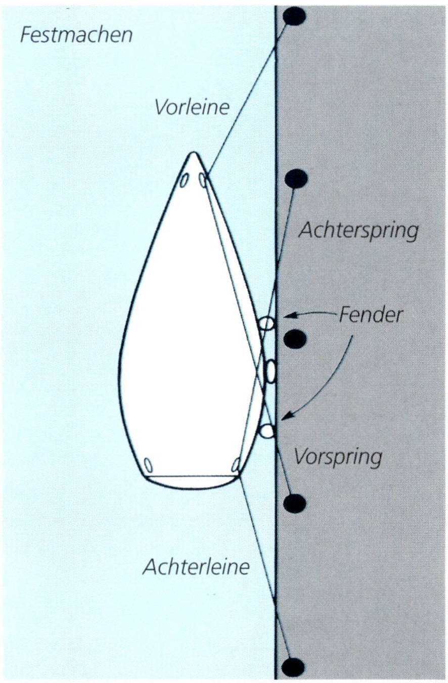

Festmachen

Wie die Leinen im einzelnen festgemacht werden, fällt in den Verantwortungsbereich des Skippers. Die Vor- und Achterleinen sollten an Land weit nach vorne beziehungsweise achtern laufen, keinesfalls im rechten Winkel zum Boot. Ideal sind Befestigungspunkte an Land, die etwa eine halbe Bootslänge von Bug und Heck entfernt sind. Wenn dort keine Poller oder Klampen vorhanden sind, muß man die Leinen eventuell weiter entfernt belegen.

Es sind die Springleinen, die das Boot an seinem Platz halten. Sie laufen vom Bug nach achtern, vom Heck nach vorne und irgendwo mittschiffs über Kreuz. Die genaue Leinenführung hängt von den Positionen der Klampen an Land ab. Optimal ist es, wenn die Vorspring von einer Klampe in der Nähe des Buges zu einem Poller an Land im Bereich des Hecks läuft, die Achterspring am Heck festgemacht wird und zu einem Poller an Land in der Nähe des Buges führt.

Häufig kann man beobachten, daß die beiden Springleinen auf einer Klampe an Land im Mittschiffsbereich belegt werden – eine unbefriedigende Lösung. Doch in vielen Marinas sind nicht genügend Festmachermöglichkeiten an Land oder auf den Stegen vorhanden.

Noch schlechter ist es, wenn man das lange, übrig gebliebene Ende der Vorleine von dem Poller an Land zurück an Bord bis zum Heck führt, dort belegt und das Ende der Achterleine entsprechend zurück zum Vorschiff führt. Das hört sich sehr ökonomisch an, weil man nur zwei Leinen benötigt. Aber die beiden Springs sind so einfach zu lang, um das Boot ruhig an Ort und Stelle halten zu können. Das Schiff wird sich um einiges vor und zurück bewegen können.

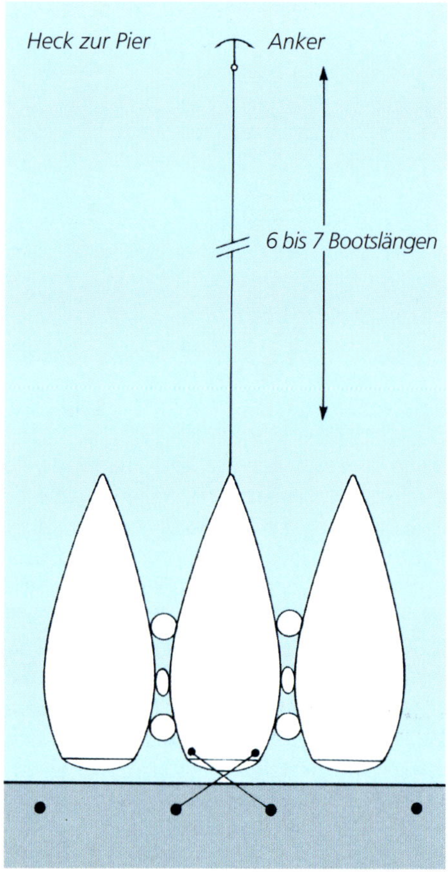

Mit dem Heck festmachen

Sind Sie zu einem Törn im Mittelmeer eingeladen, werden Sie mit Sicherheit in einem Hafen mit dem Heck anlegen. Das ist die übliche Methode im Mittelmeer, da man auf diese Weise viele Boote auf engem Raum unterbringen kann. Für die Crew kann ein solches Anlegemanöver zum Alptraum werden.

Die Grundidee ist, das Boot mit dem Heck an der Pier und den Bug mit einer Muringleine oder einem Anker festzumachen. Und so wird's gemacht:

Wenn keine Festmacherbojen ausgelegt sind, müssen Sie in einer Entfernung von etwa sechs bis sieben Bootslängen zur Pier den Anker fallen lassen und dann das Boot so drehen, daß Sie rückwärts in Ihre Lücke fahren können. Man läuft langsam zurück und fiert dabei die Ankerkette mit. Sind Bojen vorhan-

den, müssen Sie sich die passende aussuchen und die Vorleine mit einem Rundtörn und zwei halben Schlägen oder mit einem Palstek am Ring auf der Boje festmachen. Man kann die Leine aber auch nur durch den Ring führen und wieder an Bord nehmen. Beim Verlassen des Liegeplatz wird der Festmacher dann nur durch den Ring an Bord gezogen, und man muß nicht erst mühsam den Knoten öffnen. Allerdings wird die Leine dann an dem Ring scheuern. Für Aufenthalte, die länger als ein paar Stunden dauern, ist diese Methode deshalb nicht geeignet.
Es werden zwei Achterleinen benötigt, die durch die Klüsen unter dem Heckkorb hindurch über Kreuz an Land festgemacht werden. Dadurch werden die seitlichen Bewegungen des Achterschiffes auf ein Minimum reduziert. Dann wird die Anker- oder Muringleine dichtgeholt, bis das Heck etwa einen Meter von der Kaimauer entfernt ist. Wenn Sie an Land gehen oder von Land wieder an Bord steigen wollen, ziehen Sie das Schiff an einem der Festmacher zurück, um die Lücke zu verkleinern. Es wird danach automatisch wieder seine ursprüngliche Position einnehmen.
Verteilen Sie alle verfügbaren Fender auf beide Seiten des Schiffes, da die Yachten meist wie Sardinen in der Dose dicht nebeneinanderliegen. Nur so bleibt jedes Schiff an seinem Platz.

Eine Muring aufnehmen

Auch wenn das Segeln von einem Yachthafen zum nächsten für die meisten Fahrtensegler den Inbegriff der Seligkeit bedeutet, ist eine Unterbrechung des Törns in einer schönen Bucht immer eine besondere Attraktion. Das

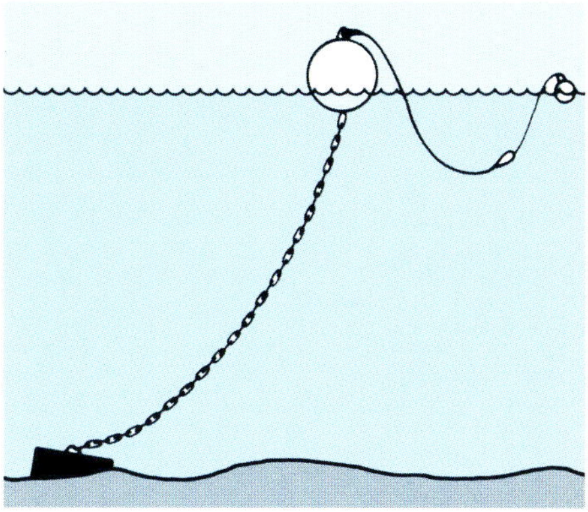

Eine typische Muring. Beachten Sie die Art und Weise, wie die kleine Boje mit der eigentlichen Muringleine verbunden ist.

bedeutet, man muß ankern oder an einer Muring festmachen.
An welcher Muring das Boot festgemacht werden soll, ist wiederum Angelegenheit des Skippers. Er muß darauf achten, daß es sich tatsächlich um eine freie Muring handelt und daß es auch wirklich eine richtige Muring zum Festmachen ist und nicht nur eine Boje, die das Ende einer alten, verrosteten Kette markiert.
Hat er sich entschieden, ist es Aufgabe der Crew, die Yacht daran festzumachen, während der Skipper den leichten Job hat, das Boot zu steuern. An vielen Murings ist eine kleine Boje befestigt. Diese Boje ist mit einer dünnen Leine mit der eigentlichen Muring verbunden, die aus Tauwerk, Draht oder einer Kette bestehen kann.
Auf einer kleinen Yacht kann man sich flach auf das Deck legen und die kleine Boje von Hand aufnehmen.
Weniger heroisch ist die Benutzung eines Bootshakens. Man sollte aber nicht versu-

Der Bootshaken ist klar, das Boot läuft auf die Muring zu.

Mit dem Bootshaken fischt man die dünne Leine der Markierungsboje,...

...zieht die Muringleine an Deck und legt sie über eine Klampe.

chen, den Ring auf der kleinen Boje zu treffen, sondern mit dem Haken die Leine fischen, an der die Boje befestigt ist.
Wenn die Boje in Reichweite kommt, dreht man den Bootshaken so, daß das gebogene Teil nach vorne zeigt. So erwischt man leicht die dünne Leine.
Diese wird mit dem Bootshaken aus dem Wasser gezogen, bis die kleine Boje auf der einen und die Leine auf der anderen Seite des Hakens hängt.
Man greift durch die mittleren Stützen des Bugkorbes und zieht mit der dünnen Leine die eigentliche Muring an Deck. Die dünne Leine ist normalerweise an einer großen Schlaufe der Muring befestigt. Diese Schlaufe wird an Deck geholt und über eine kräftige Klampe gelegt.
Man muß sich sicher sein, tatsächlich auch die Muringleine erwischt zu haben, damit die Yacht nicht an der dünnen Bojenleine hängt.

Ankern

Wer nie in einer einsamen Bucht weit weg von Yachthäfen oder überfüllten Muringgebieten geankert hat, ist kein richtiger Fahrtensegler. Der Anker gibt einem die Freiheit, sein Boot anhalten zu können, wo immer man es will.
Aus der Sicht der Crew ist Ankern eine einfache Angelegenheit, da der Skipper entscheiden muß, wann und wo geankert wird.
Man muß verstehen, daß es nicht der Anker selbst ist, der das Boot hält, sondern die Kette oder Leine. Der Anker hält das Ende der Kette oder Leine auf dem Grund fest, die eigentliche Arbeit aber übernimmt das Gewicht der Kette oder Leine. Aus diesem Grunde ist eine Kette am besten geeignet, doch auf vielen Yachten gibt es aus Gewichtsgründen eine Leine aus dickem Tauwerk mit einem mehrere Meter langen Kettenvorläufer.

Wenn Sie die Muringleine so loswerfen wollen, könnten Sie sich Ihre Hand quetschen.

Führen Sie ein Tauwerksende durch das Auge der Muringleine, ziehen Sie es damit von der Klampe,...

...und bringen Sie die Muring mittschiffs, damit das Boot abdrehen kann, ohne an der Leine hängenzubleiben.

Wird der Anker nur an einer Leine ohne Kettenvorlauf gefahren, ist das Geschirr nur für eine kurzfristige Unterbrechung des Törns bei gutem Wetter geeignet und keinesfalls eine sichere Angelegenheit. Zum Mittagessen mag es genügen.

Den Anker fallen lassen

Auf einer großen Yacht mit schwerem Ankergeschirr wird es eine Ankerwinsch mit einem gezahnten Rad geben, über das die Kette läuft. Wenn der Anker klar ist, wird er von seinem Platz auf dem Bugbeschlag direkt fallen gelassen.

Zuerst aber müssen die Sicherungsleine und, falls vorhanden, der Sicherungsstift abgenommen werden. Es ist zu prüfen, ob die Bremse der Winsch angezogen ist. Man benutzt diese Bremse, um den Anker langsam von seinem Platz zu lösen, bis er an der Kette außenbords hängt. Für elektrisch oder hydraulisch betriebene Ankerwinschen gilt dies entsprechend. Fängt der Anker nicht von allein an zu rutschen, muß man mit den Händen oder Füßen nachhelfen. Seien Sie aber vorsichtig, daß Sie sich dabei nicht verletzten, wenn der Anker sich plötzlich bewegt.

Der Anker muß in eine Position gebracht werden, daß er nach dem Kommando des Skippers sofort fallen kann, ohne daß er jedoch im Schwell gegen die Bordwand schlägt.

Auf einem kleinen Boot läßt man den Anker von Hand fallen. Wichtig ist dabei, daß der Kettenvorlauf und die Leine frei ausrauschen können. Man holt mindestens so viel Kette und Leine an Deck, wie der Skipper meint und legt sie in langen, parallelen Buchten auf dem Seitendeck aus, eventuell sogar bis zu den Wanten.

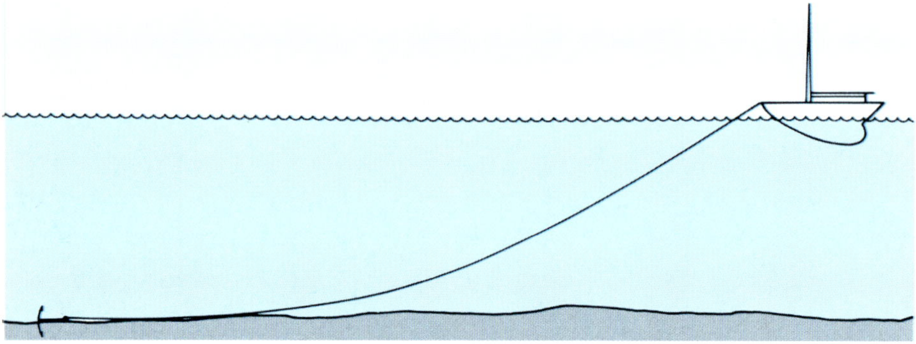

Das Schiff wird vom Gewicht der langen Leine gehalten, der Anker hält lediglich die Leine fest.

Der Anker wird durch die mittleren Stützen des Bugkorbes über die Reling genommen und an Deck gelegt.
Wenn der Anker fallen soll, werfen Sie ihn nicht mit großem Schwung weit über Bord. Sie könnten naß werden, sich einen Muskel zerren oder gar aus Versehen mit einem Fuß in der Leine stehen, die normalerweise sehr schnell ausrauscht.
Der Anker wird langsam über den Bugkorb gefiert, bis er mit seinem Gewicht an der Kette hängt. Wenn das Kommando kommt, läßt

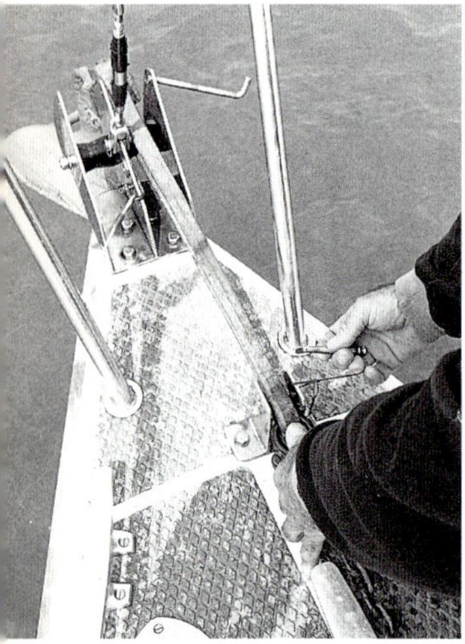

Entfernen Sie die Bolzen oder Bändsel, die den Anker sichern.

Legen Sie das Ankergeschirr klar, belegen Sie das Ende auf einer Klampe,...

...und fieren Sie den Anker etwas. So ist er klar zum Fallen.

Manchmal braucht man zwei Personen, um den Anker wieder an Deck zu holen.

Signalisieren Sie dem Skipper, wenn der Anker über Wasser ist,...

...sichern Sie ihn in der Halterung, machen Sie alles sauber, und verstauen Sie die Kette.

man einfach die Kette los. Wieder ist zu beachten, daß man nicht auf oder in einer Bucht der Ankerleine steht.

Bevor das Kommando für das Fallenlassen des Ankers kommt, wird der Skipper das Schiff in den Wind oder gegen die Strömung drehen (gegen das stärkere Medium) und warten bis das Schiff keine Fahrt mehr durchs Wasser macht. Sobald es anfängt rückwärts zu treiben oder der Skipper mit der Maschine leicht rückwärts gibt, wird der Anker fallen gelassen. So verhindert man, daß Anker, Kette und Leine auf dem Grund in einem großen Haufen übereinander liegen, sie sollen statt dessen eine Linie bilden, um das Gewicht des Bootes abfangen zu können.

Sobald das Schiff richtig am Anker hängt, wird es den Bug in die Richtung drehen, wo dieser sich in den Grund eingegraben hat. Blickt man über das Heck an Land, kann man sehen, wie das Boot sich plötzlich schnell dreht und damit anzeigt, daß es sicher am Ankergeschirr hängt.

Sie sind am Ziel.

12 Für alle Fälle

Wenn Sie auf Ihren ersten Törn mit einer erfahrenen Crew gehen, können Sie normalerweise davon ausgehen, daß die Leute alles können und daß nichts schief laufen wird. Leider gibt es keinerlei Garantien dafür, und wenn es zu einer Notsituation kommen sollte, könnte es sein, daß nur Sie in der Lage sind, etwas tun zu können. Und dann sollten Sie wissen, was.

Mann über Bord

Wenn jemand über Bord fällt, ist die schlimmste aller Notsituationen eingetreten, die man sich vorstellen kann. Die Frage ist dann, wer ist schlechter dran, die Person im Wasser oder die Menschen an Bord, die den Überbordgefallenen wieder zurückholen müssen? Alle sind zu Recht erschreckt, denn ein solcher

Kleine Kinder sollten grundsätzlich Rettungswesten und Sicherheitsgurte tragen, auch im Hafen.

Wenn Ihre Ölzeugjacke einen integrierten Sicherheitsgurt besitzt, werden Sie ihn auch eher benutzen.

Unfall kann sich leicht zu einer Tragödie ausweiten.

Am besten ist, man verhindert, daß überhaupt jemand außenbords gehen kann. Wenn auch nur das geringste Risiko besteht, müssen alle Sicherheitsgurte anlegen. Manche meinen, Kinder sollten grundsätzlich an Bord Sicherheitsgurte tragen, aber wenn Kinder sie brauchen, warum nicht auch Mama und Papa? Und was können Kinder tun, wenn die Eltern über Bord gehen? Sicherheitsgurte sind keinesfalls nur für junge Menschen und Segelanfänger gedacht, auch erfahrene Segler einschließlich des Skippers sollten sie tragen. Und wenn man sie nur zur Beruhigung der anderen anlegt.

Das gleiche gilt im Grunde für die Rettungsweste. Sie ist sehr hinderlich, wenn man sie immer trägt, und wir wollen das auch gar nicht uneingeschränkt befürworten (außer für Kinder). Aber sie ist eine wichtige Vorsichtsmaßnahme, und sie nicht anzulegen, außer an vielleicht wirklich ruhigen Tagen, ist ganz einfach dumm. Wenn Sie eine Rettungsweste kaufen, wählen Sie eine mit Schrittgurt, damit sie Ihnen nicht über den Kopf rutscht, wenn Sie sie am meisten brauchen. Die besten Westen haben einen integrierten Sicherheitsgurt, man braucht dann nur noch die Sicherheitsleine.

Vergewissern Sie sich für alle Fälle, wo die Rettungsringe verstaut sind.

Bergemanöver: üben, üben, üben

Ein Bergemanöver besteht aus drei Phasen. Jede für sich hat ihre eigenen Probleme, über die man vorher nachdenken sollte, für sich persönlich und für die Bordroutine: Man muß mit dem Schiff zu der Person im Wasser zurückkehren, man muß sie an Bord holen, und man muß sie am Leben erhalten.

Eine Möglichkeit, der Crew die größte Angst vor einer Mann-über-Bord-Situation zu nehmen, ist die, das Manöver zu üben. Viele Crews führen ab und zu einen regelrechten Mann-über-Bord-Drill durch: Ein Fender wird über Bord geworfen, und jeder muß die Yacht an den Fender heransteuern. Das Manöver sollte unter Maschine und unter Segeln geübt werden. Für viele ist es ein großer Spaß, trotzdem aber eine nützliche, um nicht zu sagen eine ganz wesentliche Übung. Auch wenn Sie nie in die Lage kommen werden, jemanden wirklich retten zu müssen (und Gott bewahre, daß Sie es je erleben), ist es eine gute Übung für jeden an Bord, den Umgang mit dem Boot zu lernen. Gleichzeitig fördert es das gegenseitige Vertrauen.

Wer hat aber jemals wirklich versucht, einen Menschen an Bord zurückzuholen? Tatsächlich ist das ebenso schwierig, wie mit dem

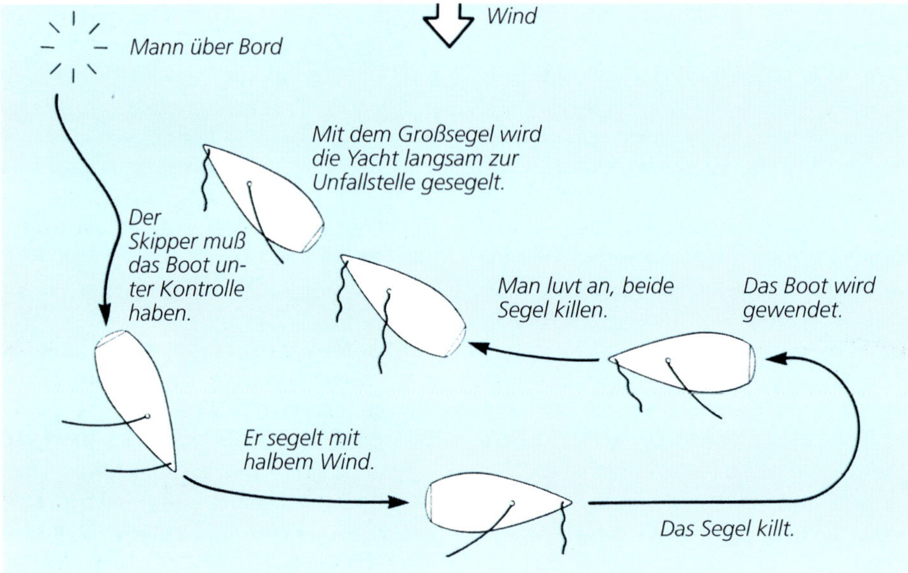

Boot zurück zu der Person im Wasser zu gelangen, wenn nicht sogar deutlich schwieriger. In den meisten Gewässern (bis auf das Mittelmeer im Sommer und die Karibik) bleiben einer Person im Wasser zwischen fünf Minuten und einer halben Stunde, bis die Kälte ernsthaft gefährlich wird. Aus eigener Kraft zurück an Bord einer hochbordigen Yacht zu klettern, ist selbst für durchtrainierte Leute ohne fremde Hilfe unmöglich. Ein entkräfteter Mensch, eine Frau oder ein Kind haben keine Chance.

Damit man eine Vorstellung davon bekommt, wie schwer es sein kann, jemanden aus dem Wasser an Bord zu holen, kann man sich aus altem Ölzeug ein Dummy basteln. Hosen und Ärmel werden an den Enden zugebunden, und das Paket wird mit alten Sweatshirts oder einem alten Schlafsack ausgestopft. Die Hose wird mit den Trägern an der Jacke gesichert. Dann streift man eine Rettungsweste über und umwickelt alles mit einer dünnen Leine. Benutzen Sie diesen Dummy an Stelle eines Fenders, und Sie werden eine ungefähre Vorstellung davon bekommen, was auf Sie zukommen kann, vorausgesetzt, sie haben das Gebilde nicht schon beim ersten Versuch, es aus dem Wasser zu ziehen, zerstört.

Das Schiff zur Unfallstelle zurückbringen

Es gibt verschiedene Methoden, mit einer Yacht zum Unfallort zurückzukehren und sie sicher neben der treibenden Person zu stoppen. Alle haben ihre Vorzüge, und je besser Sie im Segeln und Steuern sind, desto leichter wird es Ihnen fallen, sollten Sie je in eine solche Situation geraten. Eine der einfach-

sten und sichersten Methoden wird von allen seriösen Segelschulen gelehrt.
Sobald der laute Ruf »Mann über Bord« ertönt, werfen Sie einen der Rettungsringe, die üblicherweise in Halterungen am Heckkorb stecken, in Richtung der treibenden Person über Bord. Kann die Person schwimmen, wird sie den Ring ergreifen und sich relativ sicher fühlen (das sagen Menschen, die die Erfahrung bereits gemacht haben). Ist der Betreffende jedoch bewußtlos, zeigt der Rettungsring wenigstens die Richtung an.
Dann muß jemand an Bord das Kommando übernehmen, alle anderen haben sich ruhig zu verhalten, zuzuhören und zu tun, was man ihnen aufträgt. Das Kommando hat der Skipper, es sei denn, er ist über Bord gefallen. Ist dies der Fall, ersetzt ihn der Erfahrenste an Bord.
Ein Crewmitglied muß sofort damit beauftragt werden, den treibenden Menschen zu beobachten und mit dem ausgestreckten Arm laufend in dessen Richtung zu zeigen. Andere Aufgaben sollten ihm nicht gegeben werden. Ständiger Sichtkontakt ist vielleicht lebenswichtig.
Das Boot muß so schnell wie möglich auf einen Halbwindkurs gebracht werden, so daß der Wind rechtwinklig einfällt. Man läßt das Vorsegel killen und behält nur mit dem Großsegel Fahrt im Schiff.
Das Schiff wird gewendet, das Vorsegel weiter völlig lose gefahren. Dann wird auch die Großschot gefiert und Kurs auf den Überbordgefallenen genommen. Wenn beide Segel killen, wird die Großschot wieder dichtgeholt, damit das Boot langsam in Richtung auf die treibende Person segelt. Die Geschwindigkeit wird allein mit der Großschot reguliert. Man darf den Treibenden auf keinen Fall mit zu großer Geschwindigkeit erreichen, denn dann hat man keinen Raum zum abbremsen mehr.
Mit einem Windeinfall von 50 bis 60 Grad wird man langsam zur Unfallstelle zurücksegeln und das Boot dabei voll unter Kontrolle haben. Versuchen Sie, die Yacht etwa zwei Meter in Luv von dem Verunglückten abzustoppen, das Boot wird langsam auf ihn zutreiben.

Mit der Maschine

Eine weitere Methode ist der sogenannte »Quick-Stop«. Sobald jemand über Bord gefallen ist, wird das Boot sofort gewendet, ohne daß jemand dabei die Schoten bedient. Die Segel stehen auf dem anderen Bug dann wieder voll, wobei das Vorsegel allerdings mit seiner Schot nach Luv gezogen wird und darum auf der falschen Seite steht. Diese Art des Abstoppens nennt man Beidrehen, sie ist eine sichere und anerkannte Technik. Man kontrolliert das Schiff besser, als wenn man die Segel einfach killen läßt.
Von dieser Position aus, die den Vorteil hat, daß man von der Unfallstelle nicht weit entfernt ist, entscheidet man, was als nächstes zu tun ist.
Jetzt kann die Maschine gestartet werden, man muß sich jedoch vorher davon überzeugen, daß kein Gang eingelegt ist. Mit laufender Maschine hat man immer eine Option mehr, auch wenn das Manöver vollständig unter Segeln durchgeführt wird.
Wenn Sie sich entscheiden, nur unter Motorkraft auf die Unfallstelle zuzulaufen, muß unbedingt sichergestellt sein, daß kein Stück Tauwerk außenbords hängt. Es ist klar, daß in solchen Momenten die normale Bordroutine nicht mehr greift und daß die Segel nicht wie üblich sauber aufgetucht werden. Alles muß

Wenn das Schlauchboot nur halb aufgeblasen ist, kommt man vom Wasser aus leichter hinein.

sehr schnell gehen, die Maschine wird gestartet, der Gang eingelegt und schon ist es passiert – eine Leine hat sich um die Welle gewickelt und den Motor abgewürgt. Jetzt sind Sie mit einer Person im Wasser und der bewegungsunfähigen Yacht wirklich in Schwierigkeiten. Die Maschine ist ausgefallen, und die Segel können nicht wieder gesetzt werden, weil sich vielleicht ausgerechnet die Großschot um den Propeller vertörnt hat.

Wenn Sie unter Maschine den Überbordgefallenen erreichen und längsseits gehen, denken Sie immer daran, daß die Beine und Füße nicht weit von den gefährlich scharfkantigen Propellerblättern entfernt sind. Laufen Sie deshalb langsam an und nehmen Sie den Gang heraus, sobald der Treibende in Reichweite ist. Nachdem er mit einer Leine gesichert wurde, schalten Sie die Maschine am besten ab.

An Bord holen

Regel Nummer eins: Machen Sie eine Leine an der treibenden Person fest, damit der unmittelbare Kontakt zum Schiff nicht mehr verloren gehen kann. Kann sich die Person selbst helfen, ist es relativ einfach, sie wieder an Bord zu holen. Ist sie entkräftet oder gar bewußtlos, wird es schwierig. Kommen Sie auf keinen Fall auf die Idee, eine Schlinge um die Brust oder den Hals zu legen, die sich zusammenziehen kann. Die Crew an Bord sollte inzwischen die Sicherheitsgurte angelegt haben, damit nicht noch jemand bei dem Versuch, die Person im Wasser an Deck zu holen, über Bord gehen kann.

Soll jemand ins Wasser springen, um der treibenden Person zu helfen? Das hängt von den Umständen ab. Auf keinen Fall soll derjenige, der das Kommando führt, über Bord springen, selbst wenn er der beste Schwimmer

von allen ist. Wenn es denn sein muß, darf es niemals derjenige sein, der mit seiner Erfahrung und Übersicht an Bord am meisten für den Verunglückten tun kann.
In der Theorie gibt es verschiedene Techniken, jemanden zurück an Bord zu holen. Hier sind einige davon:

• Das Schlauchboot benutzen. Das macht vor allem dann Sinn, wenn das Beiboot aufgeblasen an Deck gestaut ist. Muß es erst aufgepumpt werden, dauert es eine Weile länger, sollte aber trotzdem in Angriff genommen werden. Tatsächlich kann ein kleines Schlauchboot innerhalb von drei Minuten aufgepumpt werden. Solange die treibende Person längsseits gesichert ist, ist das die wahrscheinlich schnellste Methode. Die Leine des Schlauchbootes wird am Bug befestigt, so daß es längsseits zu liegen kommt. Dann klettern ein oder zwei Leute hinein, ziehen den Treibenden ins Beiboot und helfen ihm von dort unter der Seereling hindurch an Deck. Gibt es eine Öffnung in der Reling, ist das die beste Stelle.
• Die Badeleiter benutzen. Das ist in Ordnung, wenn der Verunglückte selbst hinaufklettern kann. Leider ist die Badeleiter auf modernen Yachten am Heck angebracht, und das ist so ziemlich die gefährlichste Stelle, weil die Yacht selbst bei geringem Seegang stampfen wird. Ist die Badeleiter versetzbar, sollte sie mittschiffs über die Bordwand gehängt werden. Dort gehen die Wellen bis dicht an die Fußschiene und heben den Verunglückten hoch.
• Das Ende der Großschot benutzen. Der Fußblock der Großschot wird losgeschäkelt, der Baum, von der Dirk gehalten, außenbords geschwenkt und die Schot als Talje eingesetzt.
• Das Großfall benutzen. Das ist wohl einfacher und leichter als die Großschot. Das Fall wird an die Leine geschäkelt, mit der die treibende Person um die Brust herum gesichert worden ist. Dann wird es auf eine Winsch, am besten auf die größte Genuawinsch, gelegt und die Person an Deck gekurbelt. Je mehr Personen dem Verunglückten helfen können, um so besser.
Alles in allem, jemanden über Bord zu verlieren, ist eine alarmierende Vorstellung, und man sollte sich überlegen, was zu tun ist, bevor es passiert. Je mehr Sie sich mit der Ausrüstung der Yacht vertraut machen, desto eher werden Sie im Notfall eine Hilfe sein.

Feuer

Bricht an Bord einer kleinen Yacht ein Feuer aus, ist das nicht nur schrecklich, sondern möglicherweise auch endgültig: Es kann sich so schnell ausbreiten, daß es keinen sicheren Platz mehr gibt und Gegenmaßnahmen sinnlos sind. In Kapitel 1 steht geschrieben, daß sich jeder Neuling an Bord darum kümmern sollte, wo die Notausrüstung verstaut ist und wie sie benutzt wird. Dazu gehören auch der Feuerlöscher und die Feuerdecke.

Die drei Voraussetzungen für Feuer

Damit ein Feuer überhaupt entstehen kann, müssen drei Voraussetzungen gegeben sein. Ist es bereits ausgebrochen, genügt es, ihm eine davon zu entziehen, damit es erlöscht. Die drei Voraussetzungen sind ein brennbarer Stoff, Hitze und Sauerstoff, also Luft. Der schnellste und sicherste Weg, ein Feuer unter Kontrolle zu bringen ist, erst eines dieser drei Dinge zu beseitigen und dann die anderen beiden.

Ein Feuer ersticken

Ein Feuer bricht an Bord am ehesten in der Pantry aus. Oft entzündet sich etwas auf dem Kocher oder im Backofen, und man kann es meistens sehr schnell mit einer Feuerdecke ersticken. Es macht deshalb Sinn, eine Feuerdecke mit einer genauen Anleitung in Reichweite der Pantry unterzubringen. Mit Hilfe der Feuerdecke wird die Sauerstoffzufuhr verhindert, so daß das Feuer schnell erlöscht. Die gleiche Technik wird bei kleinen Feuern, zum Beispiel in einer Koje, eingesetzt. Ein Feuer ersticken ist die schnellste und sicherste Art, einen kleinen, begrenzten Brandherd einzudämmen, vorausgesetzt, man erstickt das gesamte Feuer.

Eine Feuerlöschanlage für den Maschinenraum.

Feuerlöscher

An Bord von Yachten findet man normalerweise zwei Typen von Feuerlöschern: Wasser- und Pulverlöscher. Wasser ist im Gegensatz zur landläufigen Meinung nicht immer das beste Löschmittel. In manchen Fällen kann Wasser auf einem Feuer so gefährlich sein, als wenn man Benzin hineingießen würde.

Brennende Flüssigkeiten wie Fett oder Dieselöl auf einem heißen Auspuff sollten nie mit Wasser und schon gar nicht mit dem Druckwasser aus einem Feuerlöscher gelöscht werden. Das Wasser wird die Flüssigkeit eher noch weiter im Schiff verteilen, vor allem, wenn es nur gesprüht und nicht geschüttet wird. Es wird sofort verdampfen und dabei möglicherweise eine Explosion auslösen.

Pulverlöscher funktionieren wie eine Feuerdecke, das Pulver verdrängt den Sauerstoff und erstickt so das Feuer. Sie funktionieren bei einem größeren Feuer besser als eine Decke und sind vor allem in schwer zugänglichen Ecken effektiver. Wenn Sie nicht genau wissen, was da brennt, benutzen Sie einen Pulverlöscher.

Wasser löscht ein Feuer, weil es die Hitze wegnimmt. Das brennende Material wird so schnell abgekühlt, daß es nicht mehr brennen kann. Benutzen Sie Wasser, wenn feste Stoffe wie Holz oder Bettzeug brennen und das Feuer zu groß ist, um es mit der Feuerdecke ersticken zu können.

Mit dem Feuerlöscher sollte man immer den Brandherd bekämpfen, die Stelle, von der die Flammen ausgehen. Ein kurzer Strahl genügt oft, da Feuerlöscher sehr wirkungsvoll arbeiten. Ist das Feuer gelöscht, darf der Löscher aber nicht einfach in seine Halterung zurückgesteckt werden. Ist er halbleer, verliert er nämlich allmählich seinen Druck und muß ersetzt oder neu gefüllt werden.

Automatische Systeme

Die Maschinenräume mancher Yachten sind mit einem automatischen Löschsystem ausgerüstet. Diese Löscher sind mit einem Gas gefüllt, das das Feuer erstickt. Das System kann von Hand ausgelöst werden, indem man einen auffälligen roten Hebel zieht, manche funktionieren aber auch automatisch. Ein solches System wirkt nur in einem kleinen, geschlossenen Bereich. Wenn es in Aktion getreten ist, warten Sie einige Zeit, bis das Feuer sicher gelöscht ist, bevor sie den Maschinenraum öffnen.

Brennbares Material entfernen

Sobald ein Feuer ausgebrochen ist, muß alles brennbare Material möglichst schnell entfernt werden. Handelt es sich um ein Heizgerät, muß die Gas- oder Petroleumzufuhr abgeschaltet werden. Gleiches gilt für einen Brand in der Pantry oder wenn Dieselöl im Spiel ist. Brennt es in einer Kabine, muß leicht brennbares Material wie Schlafsäcke und Kleidung herausgeschafft werden.
Denken Sie immer an die drei Voraussetzungen für ein Feuer: Brennstoff, Hitze und Sauerstoff. Arbeiten Sie daran, dem Feuer erst das eine und dann die anderen beiden zu entziehen.

Notsignale und Rettungsinseln

Sobald Sie an Bord kommen, sollte der Skipper Ihnen zeigen, wo die Notsignale verstaut sind und wie sie benutzt werden. Gleiches gilt für die Rettungsinsel. Fragen Sie nach, wenn Ihnen deren Handhabung nicht klar ist.
Aus Gründen, die nur die pyrotechnische Industrie kennt, gibt es für die Signale verschiedener Hersteller keine einheitlichen Bedienungsanleitungen. Man muß sich deshalb vergewissern, wie die Notsignale, die sich an Bord befinden, eingesetzt werden. Wenn man sie braucht, ist es meistens dunkel, kalt und naß und es besteht irgendeine Gefahrensituation. Dann bleibt keine Zeit, die Bedienungsanleitung zu lesen.

Notsignale

Leuchtraketen steigen hoch in den Himmel und leuchten weit. Sie werden benutzt, wenn man weit von der Küste entfernt ist und jemanden alarmieren will, der sich hinter dem Horizont befindet. Handfeuer setzt man ein, wenn die Küste nicht weit oder ein anderes Schiff in der Nähe ist. Da Handfeuer starken Rauch entwickeln, können sie auch tagsüber benutzt werden.
Leuchtraketen werden abgefeuert, indem man an einem Ring an der Unterseite zieht. Handfeuer werden meist wie ein Streichholz entflammt, eine Reibefläche befindet sich auf dem Deckel. Der Deckel muß zuerst abgenommen werden, damit man durch Reibung das Handfeuer an der Oberseite entzünden

Lassen Sie sich zeigen, wie Notraketen richtig abgefeuert werden.

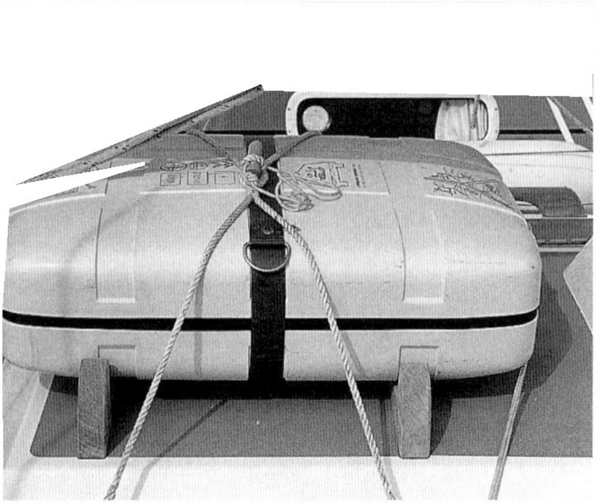

Eine Container-Rettungsinsel ist an Deck verstaut.

kann. Notsignale werden normalerweise eingeschweißt in stabile, wasserdichte Kunststoffolien verkauft, die, wie die meisten Kunststoffverpackungen dieser Welt, oft nur sehr schwer zu öffnen sind.

Notsignale sind gefährlich. Man darf damit nicht auf andere Menschen zielen, sondern sollte sie hoch und außenbords halten. Bevor Sie eine Leuchtrakete zünden, drehen Sie Ihren Kopf zur Seite.

Rettungsinseln

Eine automatisch aufblasbare Rettungsinsel ist für den ultimativen Notfall gedacht. Auch wenn es nicht Ihre Entscheidung ist, wann sie zu benutzen ist, sollte sie nur bestiegen werden, wenn es wirklich keine Alternative mehr gibt. Eine halb voll Wasser gelaufene Yacht ist immer noch sicherer und bequemer als eine flexible Gummiinsel, die von Wind und Seegang gebeutelt wird. Trotzdem sollten Sie für den Fall des Falles wissen, wie die Rettungsinsel aufgeblasen wird.

Wörterbuch

Achtern	hinten
Achterliek	hintere Seite eines Segels
Achterschiff	hinterer Teil eines Schiffes
Achterstag	hält den Mast nach hinten
Aufschießen	Tauwerk zusammenlegen
Auftuchen	Segel zusammenlegen
Augbolzen	Bolzen mit angeschweißtem Ring
Backbord	linke Schiffsseite
Backstag	wegnehmbar, wie Achterstag
Bergen	wegnehmen
Bilge	tiefste Stelle im Schiffsinneren
Block	lenkt Tauwerk oder Draht um
Bug	Spitze eines Schiffes
Bugkorb	Korb aus Stahlrohr am Bug
Bullauge	Fenster
Bullentalje	hält den Großbaum vor dem Wind
Cockpit	Sitzwanne für die Crew
Dirk	diese Leine hält den Baum oben
Fall	damit zieht man ein Segel hoch
Fender	schützen den Rumpf im Hafen
Fieren	loslassen
Fock	kleines Vorsegel
Fußschiene	Aluminiumprofil außen an Deck
Genua	großes Vorsegel
Großbaum	sitzt waagerecht hinter dem Mast
Großsegel	Hauptsegel hinter dem Mast
Hahnepot	dreieckige Halterung
Hals	vordere Ecke eines Segels
Halse, Halsen	mit dem Heck durch den Wind drehen
Hebelklemme	zum Festhalten von Tauwerk

Heck	Ende eines Schiffes
Heckkorb	Korb aus Stahlrohr am Heck
Heißen	hochziehen
Jackstay	Sicherheitsleine an Deck
Jolle	offenes Segelboot ohne Kiel
Kartentisch	Platz für die Navigation
Killen	flattern
Klampe	daran wird Tauwerk festgemacht
Koje	Bett
Kopf	obere Ecke eines Segels
Kopfbrett	am Kopf des Großsegels
Krängen	bewegliches Tauwerk
Lee	da weht der Wind hin
Liegeplatz	Parkplatz eines Schiffes
Lümmelbeschlag	zwischen Mast und Baum
Luv	da kommt der Wind her
Marina	Yachthafen
Muring	Liegeplatz auf See
Naßzelle	Waschraum mit Toilette
Navigation	damit findet man das Ziel
Niedergang	Treppe ins Schiffsinnere
Ölzeug	wasserdichte Bekleidung
Pantry	Küche
Patenthalse	unfreiwillige Drehung
Persenning	Tuch zum Abdecken
Pinne	hält der Rudergänger in der Hand
Poller	zum Festmachen an Land
Reffen	Segelfläche verkleinern
Rollen	seitliche Schiffsbewegungen
Ruder	unter Wasser, lenkt das Schiff
Saling	Querstrebe am Mast
Schäkel	Metallteil zum Verbinden

Schapp	Schrank
Schnappschäkel	kann leicht geöffnet werden
Snatchblock	Tauwerk kann eingelegt werden
Schmeerreep	zum Reffen des Großsegels
Schot	damit wird ein Segel getrimmt
Schothorn	hintere Ecke eines Segels
Schott	Querwand im Schiff
Seereling	Zaun
Seeventil	verschließt ein Loch im Rumpf
Slup	Schiff mit einem Mast
Spiegel	Querabschluß des Rumpfes
Spinnaker	sehr großes, buntes Segel
Stagreiter	daran hängt das Vorsegel
Stampfen	Bewegungen in Längsrichtung
Stauraum	da paßt viel rein
Stehendes Gut	alles was den Mast hält
Steuerbord	rechte Schiffsseite
Talje	Flaschenzug
Toppnant	hält den Spinnakerbaum hoch
Topp	Spitze des Mastes
Traveller	darauf rutscht die Großschot
Trimm	Einstellung
Überläufer	dann ist die Winsch blockiert
Unterliek	untere Seite eines Segels
Vorliek	vordere Seite eines Segels
Vorschiff	vorderer Teil eines Schiffes
Vorstag	hält den Mast nach vorne
Want	hält den Mast zur Seite
Wende, Wenden	mit dem Bug durch den Wind drehen
Windex	zeigt, woher der Wind kommt
Winsch	erspart viel Kraft
Wuling	unordentliches Tauwerk
Zeising	kurzes Band zum Festbinden

Pflichtlektüre für Bootssportler

Bill Anderson/Tom Cunliffe
Yachtmanöver unter Segel und Motor
Anschauliche Manöver in Bildfolgen.
ISBN 3-7688-0981-1

Don Casey
Der Yacht-Check
Mängel erkennen und beseitigen
Umfassender Check für Käufer und Verkäufer von gebrauchten Kunststoffyachten.
ISBN 3-7688-1150-6

Don Casey
Pflege rund ums Boot
Eigene Wartung und Pflege von Holz-, Stahl- und Kunststoffyachten.
ISBN 3-7688-0982-X

Don Casey
Rumpf- und Decksreparaturen
Kleine und große Bootsreparaturen.
ISBN 3-7688-1028-3

Mark Chisnell
Segeltrimm für Fahrtenyachten
Theorie und Praxis des perfekten Trimms.
ISBN 3-7688-1172-7

Gerti Claußen
Seekrankheit aktiv bewältigen
Alternat. Heilmethoden und Psychologie.
ISBN 3-7688-1047-X

Gert Fabian
Das GMDSS-Handbuch
für die Sportschifffahrt
Das praxisorientierte Handbuch für alle Fragen zum GMDSS.
ISBN 3-7688-1159-X

Jens Feddern
Theorie und Praxis der Bordelektrik
Batterie, Generator, Installation, Absicherung.
ISBN 3-7688-0913-7

Jürgen Hauert
Medizinischer Ratgeber an Bord
Erste Hilfe und Vorbeugung.
ISBN 3-7688-1015-1

David Houghton
Das Wetter auf See
ISBN 3-7688-1114-X

Werner Kumm
Praxis der GPS-Navigation
Einführung und Ratgeber für die Praxis.
ISBN 3-7688-1016-X

Wolf Nebe
Praxis der Astronavigation
Vorkenntnisse sind nicht erforderlich.
ISBN 3-7688-0984-6

Don Seddon
Der Bootsdiesel
Funktion, Wartung und Reparatur
ISBN 3-7688-1078-X

Peter White
Der Außenborder
Funktion, Wartung und Reparatur
Anschauliche Einführung.
ISBN 3-7688-1096-8

Bryan Willis
Die Regeln beim Segeln
Wetterfahrtregeln in Bildern
Anwendung der aktuellen Wetterfahrtregeln in typischen Regattasituationen.
ISBN 3-7688-1048-8

Erhältlich im Buch- und Fachhandel

DELIUS KLASING